Athen

Klaus Bötig

Diese Symbole im Buch verweisen auf den großen Cityplan!

DUMONT
direkt

Kalós oríssate – Willkommen

15 x Athen direkt erleben

Zu Gast in Athen

Kalós Oríssate – Willkommen

Mein heimliches Wahrzeichen

Athen bedeutet mir viel mehr als nur Antike und Akropolis. Im Häusermeer der griechischen Metropole mit ihren zahllosen Cafés und Tavernen vibriert das Leben rund um die Uhr. Und doch gibt es immer wieder kleine und ganz ruhige Orte wie den Nationalgarten oder den von einem grünen Kranz umgebenen Fels des Lykavittós, der mitten im Zentrum weithin sichtbar Stadt und Akropolis überragt. Von dort oben reicht der Blick bis zur Hafenstadt Piräus und über die Inseln im Saronischen Golf bis zu den hohen Bergen des Peloponnes hinüber.

Erste Orientierung

Überblick

Groß-Athen ist ein Moloch mit etwa 5 Mio. Einwohnern, der sich von der Küste des Saronischen Golfes bis zu den Athen umgebenden Bergen erstreckt. Er zieht sich deren Hänge hinauf und setzt sich sogar auf deren Rückseite noch fort. Insgesamt besteht dieses Groß-Athen aus 38 selbständigen Stadtgemeinden mit jeweils eigenem Bürgermeister und jeweils eigener Verwaltung. Touristisch interessant sind davon die eigentliche Stadtgemeinde Athen mit nur 800 000 Einwohnern und deren Hafenstadt Piräus. Diese historische Stadt Athen erstreckt sich rund um den Akropolis-Felsen und reicht bis zum markanten, von einer weißen Kapelle gekrönten Fels Lykavittós. Von beiden aus überblickt man ganz Groß-Athen und schaut bei klarer Sicht sogar bis zu den Inseln im Saronischen Golf und bis zum Peloponnes hinüber.

Das eigentliche Athen gliedert sich in mehrere Stadtteile, die nahtlos ineinander übergehen. Nur die im Zentrum sind touristisch interessant; man braucht nicht einmal Busse oder Metro, um vom einen zum anderen zu kommen. Nur Piräus, von den Griechen Pireás oder Piréfs genannt, steuert man besser mit öffentlichen Verkehrsmitteln an.

Anafiótika ► C 7

Das winzige Areal am oberen Rand des Altstadtviertels Pláka ist dessen idyllischster Teil. In Anafiótika wohnen noch immer einfache Leute in winzigen Häusern an extrem schmalen, stufenreichen Gassen. Katzen streichen umher, kein Souvenirgeschäft und keine Taverne stört den Anblick. Benannt ist Anafiótika nach der kleinen Kykladeninsel Anáfi. Von dort und von der Insel Náxos stammten die Vorfahren der heutigen Bewohner, die sich hier Mitte des 19. Jh. niederließen.

Emborikó Trígono ► C 4–5

Das ›Handelsdreieck‹ zwischen Monastiráki, Omónia- und Sýntagma-Platz ist das Haupteinkaufsviertel des Durchschnittsatheners. Hier stehen die Markthallen, hier wird in unzähligen kleinen Läden alles angeboten, was man zum Leben braucht. Zahlreiche Fußgängergassen machen den Einkaufsbummel angenehm.

Exarchía ► E 3

Im Viertel zwischen der Polytechnischen Hochschule und dem Lykavittós leben vor allem Studenten und die Athener Bohème. In Exarchía ist Athens alternative Szene zu Hause, sie trifft sich hier in Cafés und Music-Clubs. Auch viele Buchhandlungen sind hier angesiedelt.

Gázi ► westlich A 5/6

Auf dem Gelände der ehemaligen Gaswerke Athens und in der unmittelbaren Umgebung ist das jüngste Nightlife-Zentrum der Stadt entstanden. Zwischen Bars, Cafés und Discos warten abends auch Kulturzentren und Galerien auf Besucher, die zumeist jüngeren griechischen Künstlern und alternativen Themen Raum gewähren.

Kolonáki ► F 5

Im Viertel zwischen Sýntagma-Platz und Lykavittós konzentrieren sich Athens teuerste Boutiquen, Designerläden und Juweliere; dazu passend haben sich auch einige besonders teure Cafés und Restaurants angesiedelt.

Monastiráki ▶ B 5

Zwischen den Metrostationen Monastiráki und Thisío liegt Athens Flohmarktviertel. Hier findet man vor allem Trödel und Antiquitäten, aber auch billige Schuhe und Textilien, Gyros-Buden und zahllose Straßenhändler.

Piräus/Pireás ▶ Karte 2

Piräus ist eine selbständige Stadt – Griechenlands drittgrößte. Sie ist überwiegend auf einer Halbinsel erbaut, die an ihren beiden Längsseiten von mehreren Häfen flankiert wird. Im Kantharáos-Hafen, dem Central Port, machen Fähren und Kreuzfahrtschiffe fest. Sein Zentrum bildet die Platía Karaïskáki (aC 1) mit vielen Ticketagenturen und dem zentralen Hafencafé. Der Frachtverkehr wird über einen neuen Hafen Richtung Elefsína abgewickelt. Auf der Südseite der Halbinsel liegen Hunderte von Yachten in den Hafenbecken Limáni Zéas und Mikrolímano. Am schönsten ist Pireás entlang der Küstenstraße Aktí Themistokléous.

Pláka ▶ D 6

Das große Altstadtviertel am Nordhang der Akropolis ist Athens Touristenzentrum. Zwischen den Überresten der Antike und restaurierten Bürgerhäusern aus dem 19. Jh. bieten zahllose Souvenirgeschäfte, Tavernen, Musiklokale und Straßencafés Gelegenheit, Geld los zu werden. Es gibt aber auch stillere, kaum kommerzialisierte Gassen. Autos müssen der Pláka weitgehend fernbleiben, zum Flanieren ist sie ideal.

Psirrí ▶ B 5

Kleine Werkstätten und Läden prägen tagsüber dieses alte, bis vor etwa zehn Jahren noch stark heruntergekommene Viertel. Inzwischen ist es en vogue, Straßen und Häuser wurden umgestaltet, nachts tobt das junge Leben intensiver als irgendwo sonst in der Stadt.

Thisío ▶ A 5

Das Viertel zwischen Akropolis und ehemaligem Gaswerk, das wie Thissío gesprochen wird, hat sich in den letzten Jahren zum Jugendtreff entwickelt. Kultur und Kulinaria gehen eine gute Mischung ein, auch Grün ist zu finden.

Ein Dorf in der Stadt – Dächer von Anafiótika in der Pláka

Schlaglichter und Impressionen

Zwischen Gebirge und Meer

Athen ist eine Großstadt am Meer. Zu den Stränden fährt die Straßenbahn. Aber auch das nächste Wintersportgebiet liegt nur knappe drei Autostunden entfernt in der Nähe einer der namhaftesten Stätten der Antike: Im Parnass-Gebirge bei Délfi mit seinem Orakel. Die noch berühmtere Akropolis ragt mitten im Herzen der griechischen Hauptstadt auf, schimmert beim Bummel durch Straßen und Gassen immer wieder zwischen den Häusern durch. Athen ist eine Metropole mit Flair, die unter den Städtereisezielen der Mitteleuropäer noch längst nicht den ihr gebührenden Rang einnimmt. Das hat auch einen Vorteil: Sie ist urgriechisch geblieben.

Leben rund um die Uhr

Nahezu jede Gasse und Straße in Athen lädt zum Shopping-Bummel ein. Geschäft reiht sich an Geschäft. Fast alle gehören individuellen Einzelhändlern. Große Ketten und Kaufhäuser gibt es anders als in Mitteleuropa in der City kaum. Entsprechend vielfältig ist das Angebot. Straßencafés prägen das Stadtbild mit; eine Vielfalt von Tavernen, Restaurants und Snack-Bars sorgt dafür, dass wohl kaum ein Athen-Besucher mit Gewichtsverlust nach Hause reist.

Abends verwandeln sich manche ehemalige und noch aktive Gewerbeviertel wie Gázi und Psirrí in Zentren des Nightlifes, geben Cafés, Cocktail-Bars, Galerien und Musik-Clubs ihnen ein ganz anderes Gepräge als während des Tages. Busse, Straßenbahn und Metro-Linien stellen zwar gegen Mitternacht ihren Betrieb ein, aber das hindert niemanden, der am nächsten Tag nicht arbeiten muss, bis in den frühen Morgen hinein unterwegs zu sein. Noch immer relativ preiswerte Taxis gibt es ja in Hülle und Fülle. So sind in manchen Vierteln auch die Eissalons und Waffelbäcker noch bis um 3 Uhr geöffnet – und an allen wichtigen Straßen gibt es spezielle Lokale, die *patsatzídika*, in denen einen eine kräftige Kuttelsuppe mit viel Essig wieder auf die Beine bringt.

Stadt für Fußgänger

Athens Sehenswürdigkeiten liegen fast alle dicht beieinander zwischen dem Akropolis-Hügel und dem markanten, 277 m hoch aus dem Häusermeer aufragenden Felskegel des Lykavittós, der einer Mönchstonsur gleich um sein kahles Haupt herum von einem Gründgürtel umzogen wird. Die vielen antiken Stätten und Museen, glanzvolle klassizistische Bauten aus dem 19. Jh., Markthallen und repräsentative Plätze kann der Besucher alle zu Fuß erreichen. Im letzten Jahrzehnt erst neu geschaffene Fußgängerzonen, für die teilweise sogar ehemalige Hauptverkehrsstraßen umgestaltet wurden, machen einen Stadtbummel zum geruhsamen Vergnügen. Der Autoverkehr ist zwar immer noch kräftig, aber bleifreies Benzin, TÜV und moderne Technik haben für bessere Luft als noch Ende des 20. Jh. gesorgt. Zudem darf an jedem Wochentag jeweils nur die Hälfte aller zugelassenen Athener Pkw in die Innenstadt eindringen, weit über 400 Athener Busse fahren mittlerweile mit Bio-Treibstoff. Auch die Metro, die immer noch weiter ausgebaut wird, entlastet Straßen und Umwelt.

Olympia als Impulsgeber

Jahrzehntelang war Athen als Ziel einer Städtereise in der Tat nicht sonderlich attraktiv. Die Zeitungen waren voll mit Berichten über allsommerliche Smog-Tote, ein viel zu beengter Flughafen und chaotische Verkehrsverhältnisse verleideten so manchem Urlauber schon die ersten Stunden in der Stadt. In vielen Hotels herrschten archaische Zustände, Feinschmecker suchten vergeblich nach Gourmet-Tempeln.

Dies und vieles mehr hat sich im ersten Jahrzehnt des 21. Jh. gewaltig gewandelt. Viele Museen wurden neu gestaltet, das Akropolis-Museum zog im Winterhalbjahr 2008/9 in einen grandiosen, hypermodernen Neubau unterhalb des markanten Felsens um. Eine moderne Umgehungsautobahn, die vom Flughafen in Richtung Korinth führende Attikí Odós, hält viel Durchgangsverkehr aus der Stadt fern. Drei Metro-Linien und ein Netz von modernen Vorortszügen vermindern den Individualverkehr. Der Hotelstandard steigt weiter, Boutique- und Design-Hotels kommen in Mode. In den historischen Markthallen wurden unter der Decke Dutzende TV-Bildschirme zur Unterhaltung von Besuchern und Händlern installiert, nahe dem Sýntagma-Platz öffnete eins der edelsten Kaufhäuser Europas seine Pforten.

Große Werbetafeln wurden aus der Innenstadt verbannt, Brandmauern mit Graffiti bemalt. 2010 schrieb die Stadt sogar einen internationalen Designer-Wettbewerb aus, um die schönste Form für 1000 neue Sitzbänke zu finden, die in der Innenstadt aufgestellt werden sollen. Athen ist eine lebens- und lie-

Moderne Einkaufspassage an der Ermou-Straße

benswerte Metropole geworden – bis in viele Details hinein.

Der wichtigste Impuls für die Veränderungen war die Vergabe der Olympischen Sommerspiele 2004 an die griechische Hauptstadt. Sie brachte nicht nur zusätzliche Finanzmittel, sondern auch ausländisches Know-how nach Athen – und setzte den Griechen zugleich eine fest Frist. Die termingerechte Verbesserung der Infrastruktur und die Aufwertung der Stadt wurden zu einer Frage des nationalen Stolzes.

Last der Geschichte

Trotzdem ist Athen natürlich nicht überall schön. Die Wurzeln dafür legte vor allem das 20. Jh. Noch vor 185 Jahren war Athen ein belangloses Dorf mit höchstens 4000 Einwohnern. Viele Bewohner lebten zwischen den Tempelruinen, Ställen und Moscheen auf dem Akropolis-Felsen. Selbst nachdem Griechenland sich 1821 gegen die türkische Herrschaft erhoben hatte und der Kampf 1828 siegreich beendet war, zählte Athen nicht zu den Favoriten für die Hauptstadt des neugriechischen Staates. Die Insel Égina und die Stadt Náfplio auf dem Peloponnes waren die ersten Regierungssitze, danach war die Kykladeninsel Syros im Gespräch.

Weil die Griechen aber auf Druck Frankreichs, Englands und Russlands einen bayerischen Prinzen zu ihrem ersten König wählten, der wie sein Vater Ludwig I. von der klassischen Antike begeistert war, wurde Athen 1834 Staatshauptstadt. In den folgenden Jahrzehnten planten überwiegend deutsche und dänische Architekten die neue Stadt Athen im Stil des Klassizismus. Deren Bauten zählen neben den antiken Stätten bis heute zu den Hauptsehenswürdigkeiten der Stadt und verleihen ihr das charakteristische Flair.

Den Kontrapunkt zu diesen architektonischen Schönheiten setzen die Stadtteile, die im 20. Jh. aus dem Boden gestampft wurden. 1923, nach der Niederlage gegen die Türkei, drängten Hunderttausende griechischer Flüchtlinge aus Kleinasien nach Athen und Piräus, die Wohnraum brauchten. Nach dem Zweiten Weltkrieg setzte die Landflucht ein, wieder platzte Athen aus allen Nähten. Über 50 Prozent aller Athener Gebäude stammen aus dieser Zeit. Fast nichts wurde städteplanerisch entworfen, vieles völlig ohne Baugenehmigung erbaut. Athen bekam seine weniger schönen Züge.

Als Urlauber wird man damit aber nur am Rande konfrontiert. In der Athener Innenstadt zwischen Akropolis, Omónia-Platz und dem markanten Felsen

Immer noch eine Art öffentliches Wohnzimmer: Taverne in der Pláka

des Lykavittós, wo sich Hotels, Tavernen und Sehenswürdigkeiten konzentrieren, überwiegen die erfreulichen Anblicke.

Alltagsszenen

Wer sich mußevoll in ein Café voller Athener setzt und beobachtet, was im Café und auf der Straße vor sich geht, bekommt den besten Einblick von typisch griechischen Verhaltensweisen. Da ist beispielsweise zu bemerken, dass sich Hellenen selten mit Handschlag begrüßen. Man gibt sich stattdessen lieber angedeutete Begrüßungsküsschen, auch wenn man sich gar nicht allzu gut kennt. Die Begrüßungsformeln sind äußerst vielfältig. Normal sind bis zum frühen Nachmittag ein *kalí mera* (Guten Tag) und danach ein *kalí spéra* (Guten Abend). Am Montag jedoch begrüßt man sich mit *kalí efdomáda* (Gute Woche), am ersten eines Monats mit *kaló mína* (Guten Monat). An den Gruß schließt sich fast immer die Frage *ti kánis* oder – in der Höflichkeitsform und Mehrzahl – *ti kanéte* an. Das heißt schlicht ›Wie geht's?‹. Eine ehrliche Antwort wird nicht erwartet. Man verkündet stattdessen *mía chará,* was wörtlich ›Eine Freude‹ bedeutet.

Auch die wortlose Kommunikationen wird von den Griechen geschätzt, führt bei Ausländern jedoch leicht zu Mißverständnissen. Wer mit den Finger zählt, beginnt mit dem Zeigefinger. Der Daumen wird erst für den Fünfer benutzt. Legt jemand den Kopf in den Nacken und zieht dabei die Stirn nach oben, ist das ein wortloses ›Nein‹. Ein schräg zur Seite geneigtes Kopfnicken mit leichtem Schmatzmund bedeutet ebenso ›ja‹ wie das griechische Wort ›Nee‹. Das kann ganz schön irritierend sein.

Neue Probleme

Längst ist Griechenland kein Auswandererland wie noch in den 1960er-Jahren mehr, als die Hellenen massenweise nach Mitteleuropa zogen. Inzwischen ist Hellas Ziel für Hunderttausende legaler und illegaler Einwanderer aus Afrika und Asien. In der Innenstadt sind sie omnipräsent. Schwarzafrikaner haben den Handel mit schwarz gebrannten CDs und DVDs fest in der Hand, Philippinos und Vietnamesen vertreiben als Straßenhändler allerlei elektronischen Schnickschnack und Uhren. Vor allem Osteuropäer handeln mit illegalen Zigaretten, Pakistani verkaufen abends Blumen in Cafés und Tavernen. Roma sorgen in den Straßencafés von Tisch zu Tisch gehend für meist grausam schlecht gespielte Musik.

Neben diesen eher harmlosen Aktivitäten entfaltet sich aber auch eine gefährlichere Szene: Vor allem einige Plätze und Straßenzüge in der Nähe des Omónia-Platzes wurden zu Zentren des Drogenhandels und der Drogensüchtigen. Straßenkriminalität ist dennoch in Athen noch kein wichtiges Thema, die

Daten und Fakten

Name: Auf Griechisch heißt die Stadt Athína, gesprochen mit englischem ›th‹. Häufig findet man auch noch die hochsprachliche Form Athínai, gesprochen Athinä. Auf den ersten Blick ungewohnt sind auch viele andere Namen, z. B. Pireás (Piräus), Lykavittós (Lykabettos), Thíva (Theben) etc.
Lage: Athen liegt etwas südlich des 38. Breitengrades und damit auf der Höhe von Messina auf Sizilien oder Lissabon. Seine Lage nahe dem 24. Längengrad entspricht in etwa der von Riga und Helsinki.
Zeitzone: Osteuropäische Zeit (OEZ). In Griechenland ist es ganzjährig eine Stunde später als in Mitteleuropa. Der Wechsel zwischen Sommer- und Winterzeit erfolgt zeitgleich mit den anderen EU-Staaten.
Bevölkerung: Die eigentliche Stadt Athína hat nur 800 000 Einwohner. Der aus vielen selbstständigen Orten gebildete Ballungsraum Groß-Athen bringt es aber auf etwa 5 Mio. Einwohner, zählt also mehr Menschen als Berlin. Athens Universitäten zählen über 100 000 Studierende.
Attika: Athen ist Zentrum der Provinz Attika (gr. Attikí), die die gesamte attische Halbinsel einnimmt und im Westen fast bis zum Kanal von Korinth reicht. Zu Attika gehören auch die Inseln im Saronischen Golf, die Insel Spétses und sogar die Insel Kýthira südlich des Peloponnes.
Griechenland: Ganz Griechenland zählt etwa 11 Mio. Einwohner; außerdem leben etwa 1 Mio. Ausländer im Land. Albaner haben den größten Anteil an dieser Gruppe. Das griechische Parlament wird mindestens alle vier Jahre gewählt und zählt in der Regel 300 Abgeordnete. Im 2009 gewählten Parlament stellt die sozialdemokatische PASOK die Mehrheit. Stärkste Oppositionspartei ist die konservative Néa Dimokratía. Außerdem im Parlament vertreten sind die kommunistische KKE, die linke SYRIZA und die rechtspopulistische LAOS.

Verbrechensrate liegt deutlich unter dem Durchschnitt anderer europäischer Metropolen.

Athen im August

Dass viele ältere Athener noch auf dem Lande geboren wurden, merkt man besonders deutlich im August. Dann fahren sie zurück in ihre Heimatdörfer, wo sie noch Verwandte und meist auch ein Häuschen haben. Die jüngeren Athener zieht es im Hochsommer hingegen vor allem auf die Inseln und ans Meer. Manche Tavernen und viele Discos im Zentrum schließen, die Straßen sind deutlich leerer. An Hochsommerwochenenden werden die großen Ausfallstraßen am Freitagabend und Samstagmorgen zu Einbahnstraßen stadtauswärts, am Sonntagnachmittag stehen dann alle Fahrbahnen für die Rückkehr der Stadtflüchtlinge zur Verfügung.

Der absolute Höhepunkt der allgemeinen Reiselust ist kurz vor dem 15. August erreicht, an dem normalerweise kaum ein Athener zu Hause ist. Die Fähren sind ausgebucht, auf den Inseln ist kaum noch ein Zimmer frei. Ende des Monats sind alle wieder zu Hause. Die meistgestellte Frage in jedem Gespräch unter Freunden und Arbeitskollegen ist dann: »Wie oft hast Du in diesem Sommer gebadet?«

Wiege der europäischen Kultur

Das moderne Europa ist ohne das alte Athen nicht denkbar. In der ältesten Hauptstadt unseres Kontinents wurden vor über 2300 Jahren die Grundlagen für die europäische Kunst und die westliche Philosophie gelegt. In Athen entstanden die ersten Meisterwerke europäischer Architektur, hier wurde das europäische Theater geboren. Athen hinderte zu Beginn des 5. Jh. v. Chr. das mächtige Reich des Perserkönigs fast allein daran, Griechenland zu erobern und damit die gerade aufkeimende europäische Kultur im Keim zu ersticken. Athen schuf die Grundlagen für unsere heutige demokratische Staatsform. Ohne das antike Athen hätte das heutige Europa ein anderes Gesicht. Aus dem Altertum sind in Athen zahlreiche Tempel und andere Gebäude in Ruinen erhalten geblieben. Andere Zeugnisse antiken Lebens legen Archäologen seit nunmehr über 100 Jahren frei. Athens Museen bergen Kunstschätze von unvorstellbarem Wert.

Das Nebeneinander von Gegenwart und Vergangenheit im Stadtbild macht Athen auch intellektuell besonders attraktiv. In einem schicken Café beim Nescafé frappé mit Blick auf den Marktplatz zu sitzen, auf dem einst der Schuster Sokrates philosophierte. Sein Essen in einer Taverne gleich neben dem Turm der Winde bestellen, in dem in der römischen Zeit eine Wasseruhr der exakteste Zeitmesser des Landes war. Oder von der Akropolis aus hinunter auf die Stadt blicken, in der die erste Demokratie der Welt entstand.

Athens Stadtwappen führt heidnisches und christliches Zeitalter zusammen: Es zeigt die Göttin Athena im Ölzweigkranz auf christlichem Kreuz.

Geschichte, Gegenwart, Zukunft

Frühgeschichte

Vor etwa 5000 Jahren entstanden die ersten Siedlungen im Athener Becken. Während der mykenischen Zeit wurde die Akropolis um 1300 v. Chr. erstmals befestigt. Innerhalb der Mauern lag der Herrscherpalast. Nach dem Untergang der mykenischen Kultur um 1200 v. Chr. und dem sog. ›Dunklen Zeitalter‹ bis etwa 900 v. Chr. entstanden überall in Griechenland Stadt- und Inselstaaten. Die archaische Zeit begann.

Archaische Zeit

Athen entwickelte sich zum Flächenstaat, der ganz Attika umfasste. 682 v. Chr. wurde die Monarchie in Athen abgeschafft, jährlich gewählte Archonten regierten fortan den athenischen Staat. Um 620 v. Chr. ersetzten die Gesetze des sprichwörtlich gewordenen Drakon (›drakonische Strafen‹), die bis dahin übliche Blutrache, 594 v. Chr. schaffte Solon die Schuldknechtschaft ab und band so auch die Kleinbauern in das Staatswesen als freie Bürger ein. Kurz vor 500 v. Chr. entwickelte sich Athen zur ersten Demokratie der Welt, die allerdings wirtschaftlich auf der Sklavenarbeit basierte.

Griechische Klassik

Zwischen 490 und 479 v. Chr. versuchten die Perser, Griechenland zu erobern. Ihr Hauptgegner war Athen. 490 v. Chr. siegten die Athener in der Schlacht von Marathon über sie. 480 v. Chr. fügten sie den Persern in der Seeschlacht von Salamis eine Niederlage bei, ein Jahr später schlugen sie die Perser in der Landschlacht von Plataia. Athens ›Goldenes Zeitalter‹ begann, in dem die heute sichtbaren Tempel auf der Akropolis entstanden. Philosophie, Theater, Kunst und Kultur erlebten einen Höhepunkt, obwohl Athen im Peloponnesischen Krieg zwischen 431 und 404 v. Chr. den Spartanern und ihren Verbündeten unterlag.

Hellenismus und Römisches Reich

338 v. Chr. schlug der nordgriechische König Philipp II. von Makedonien die Athener in der Schlacht von Chaironeia und beendete damit praktisch die Selbständigkeit der vielen griechischen Stadt- und Inselstaaten. Sein Sohn, Alexander der Große (346–323 v. Chr.), führte die Griechen in einen Feldzug gegen die Perser, der sogar Indien erreichte. Nach seinem frühen Tod zerfiel sein Weltreich, Athen verblieb unter dem Einfluss Makedoniens. Bald darauf begannen die Römer, den Mittelmeerraum zu erobern. 146 v. Chr. wurde Athen Teil der römischen Provinz Macedonia. Politisch war es fortan bedeutungslos, kulturell blieb es das Zentrum des griechischen Raums.

Mittelalter

Bei der Teilung des Römischen Reichs im Jahr 395 n. Chr. fiel ganz Griechenland an Ostrom, aus dem sich im 6. Jh. das Byzantinische Reich entwickelte. Seine Hauptstadt war Konstantinopel, das heutige Istanbul. Athen sank zur Provinzstadt herab. Nachdem die Venezianer 1204 den vierten Kreuzzug aus Habgier nach Konstantinopel umgelenkt hatten, wurde Griechenland unter den Kreuzrittern aufgeteilt. Athen wurde 1205 Sitz eines französischen Ritters, der als Herzog über Athen und Attika regierte.

Türkenherrschaft

1453 eroberten die Osmanen Konstantinopel, das Byzantinische Reich ging unter. 1458 nahmen sie auch Athen ein. Es schrumpfte zur Kleinstadt mit unter 7000 Einwohnern. 1821 erhoben sich die Griechen gegen die türkische Fremdherrschaft und besiegten die Osmanen im bis 1828 währenden Freiheitskrieg. 1834 wurde Athen zur Hauptstadt des neugriechischen Staates erklärt.

20. Jahrhundert

Die Bevölkerungszahl Athens wuchs explosionsartig, als nach dem gescheiterten Krieg gegen die Türken 1923/24 über 1,5 Mio. griechische Flüchtlinge aus Kleinasien ins Land strömten. Im Zweiten Weltkrieg war Athen 1941–1944 von deutschen Truppen besetzt. Nach einem Bürgerkrieg 1944–1949 und politisch instabilen Jahren ergriff 1967 eine Militärjunta die Macht. Erst nach deren Sturz 1974 entwickelte sich Hellas zur modernen Demokratie westlicher Prägung.

21. Jahrhundert

Im Vorfeld der Olympischen Spiele 2004 wurden im Großraum Athen zahlreiche Infrastrukturprojekte vollendet. Im Herbst 2009 löste die PASOK mitten in der Wirtschaftskrise die Néa Dimokratía als Regierungspartei ab. Jetzt schlug die Misswirtschaft vorangegangener Regierungen jeder Couleur voll durch: Griechenland stand vor dem Staatsbankrott, internationale Finanzspekulationen trieben die Krise auf einen Höhepunkt. Der Staatsbankrott konnte nur durch kostspielige Hilfsmaßnahmen der EU und des Internationalen Weltwährungsfonds verhindert werden. Als Gegenleistung muss Griechenland gewaltige Einsparungen vor allem im Sozialhaushalt vornehmen und zahlreiche Steuern (insbesondere Mehrwert-, Tabak- und Benzinsteuer) erhöhen. Dadurch kam es vor allem in Athen zu zahlreichen Streiks und Massendemonstrationen, die auch Todesopfer forderten.

Antike Herrlichkeit als moderner Bau: Giebel der Akademie an der Panepistímiou

Anreise

… mit dem Flugzeug

Athen wird von vielen Flughäfen in den deutschsprachigen Ländern direkt angeflogen, Preisvergleiche lohnen. Die Flugzeit von Frankfurt nach Athen beträgt ca. 2 Stunden 45 Minuten, von München ca. 2 Stunden 35 Minuten.

Elefthérios Venizélos Airport

Der Athener Flughafen ›Elefthérios Venizélos Airport‹ liegt südöstlich der Stadt beim Dorf Spáta und ist vom Stadtzentrum ca. 35 km entfernt.

Information: Tel. 210 353 00 00, www.aia.gr.

Terminal: Die Schalter der Autovermietungen, ein Postamt, eine Apotheke, Bargeldautomaten, Handy-Shops, eine nur sporadisch besetzte Tourist-Information und eine Gepäckaufbewahrung (7–13 € pro Gepäckstück je nach Größe für 24 Std.) findet man auf der Ankunftsebene (nach Verlassen des Zollbereichs links halten), die Miete von Gepäck-Trolleys kostet 1 € (Zahlung mit Kreditkarte möglich).

Flughafenbusse: Expressbusse verbinden den Flughafen rund um die Uhr mit der Athener Innenstadt und dem Hafen von Piräus; Fahrzeit je nach Verkehrslage 55–100 Minuten.

Bus E 93 fährt zu den Fernbusbahnhöfen Kifíssos und Liossíou, dort Anschluss zu größeren Orten.

Der **WLAN-Zugang** ist im gesamten Terminalbereich kostenlos, außerdem stehen kostenlose **Internet-Terminals** im Check-in-Bereich zur Verfügung.

Bus E 94 fährt zur Metrostation Ethnikí Aminía, Anschluss an Metrolinie 3.

Bus E 95 fährt zum zentralen Sýntagma-Platz, Stopp am Hotel Hilton.

Bus E 96 fährt zum Karaiskáki-Platz am Haupthafen von Piräus.

Bus E 97 fährt zur Metrostation Dáfni.

Bustickets: Das Ticket für den Flughafenbus (3,20 €) berechtigt zur einmaligen Fahrt nach Piräus oder in die Innenstadt von Athen. Man bekommt es an der Bushaltestelle zwischen den Ausgängen 4 und 5 auf der Ankunftsebene.

Metro und Vorortbahn: Beide fahren vom selben Bahnhof ab, ca. 100 m vom Terminal entfernt. Die Metro (Linie 3) fährt zum Sýntagma- und Monastiráki-Platz, die Vorortbahn (Proastiakó) zum Fernbahnhof Larísis und zur gleichnamigen Metrostation (6 €/1 Person, 10 bzw. 15 €/2 bzw. 3 Pers.), Fahrzeit ca. 40 Minuten. Vorteil der Metro gegenüber dem Bus ist die exakter zu planende Fahrzeit.

Taxis: Taxis stehen vor dem Ausgang 3 der Ankunftsebene. Bis ins Zentrum Athens zahlt man etwa 35 €, zwischen 0 und 5 Uhr etwa 50 €.

… auf dem Seeweg

Zahlreiche Fährlinien verbinden die italienischen Häfen Ancona, Venedig, Triest, Bari und Brindisi mit Pátra auf dem Peloponnes. Von dort fährt man über die Autobahn ca. 3–4 Stunden bis Athen.

… auf dem Landweg

Europabusse verbinden viele Städte in Deutschland mit Athen. Aber Fliegen ist billiger. **Auskunft:** Deutsche Touring,

Am Römerhof 17, 60486 Frankfurt/Main, Tel. 069 790 30, www.touring.de.

Einreisebestimmungen

Ausweispapiere: Für EU-Bürger und Schweizer genügt bei Fluganreise ein gültiger Personalausweis. Auch Kinder und Jugendliche benötigen einen eigenen Personalausweis oder Reisepass, sofern sie nicht vor 2007 im Pass der Eltern eingetragen wurden.

Zollbestimmungen: Waren zum persönlichen Gebrauch können EU-Bürger zollfrei mitführen; bis zu 800 Zigaretten, 90 l Wein, 10 l Schnaps sind daher frei. Für Schweizer Bürger (und bei Duty-Free-Waren) gelten jedoch die alten Grenzen: 200 Zigaretten und 1 l Spirituosen über 22 % Alkohol.

Haustiere: Für Hunde benötigt man den EU-Heimtierausweis. Die Tiere müssen mit Mikrochips oder einer tierärztlichen Tätowierung am Ohr gekennzeichnet sein.

Feiertage

1. Jan.: Neujahr *(protochrónia)*
6. Jan.: Taufe Christi *(epiphanía)*
Rosenmontag *(káthari déftera):* 7. März 2011, 27. Feb. 2012, 18. März 2013
25. März: Nationalfeiertag; Mariä Verkündigung *(evangelismós)*
Karfreitag *(megáli paraskévi):* 22. April 2011, 13. April 2012, 3. Mai 2013
Ostern *(páska):* 24./25. April 2011, 15./16. April 2012, 5./6. Mai 2013
1. Mai: Tag der Arbeit *(protomáia)*
Pfingsten *(pendekóstis):* 12./13. Juni 2011, 3./4. Juni 2012, 23./24. Juni 2013
15. Aug.: *Kímissis tís Theotókou*
28. Okt.: Nationalfeiertag
24. Dez.: Heiligabend *(paramóni christoujénnon), ab Mittag*
25. Dez.: Weihnachten *(christoújenna)*
31. Dez.: Silvester *(vrádi tis protochrónias)*

Feste und Festivals

Karnevalssonntag

Karneval wird in ganz Griechenland gefeiert. In Athen ist das Altstadtviertel Pláka der Hauptschauplatz. In den beiden Wochen vor Rosenmontag sind viele Tavernen mit Girlanden geschmückt, vor allem Kinder werden kostümiert. Familien und Cliquen gehen abends in die Tavernen, sitzen an langen Tischen zusammen und singen auch gern das eine oder andere Lied. An den Karnevalswochenenden verkaufen Dutzende von

Der Umwelt zuliebe – nachhaltig reisen

Die meisten Besucher fliegen nach Athen, **www.atmosfair.de** bietet einen Weg, für den dabei entstandenen CO2-Ausstoß einen Ausgleich zu schaffen (s. S. 119). Alternativ ist eine Bahnanreisemöglich, aber mit zweimaligem Unsteigen verbunden. Für die Fahrt vom Flughafen in die City benötigt man kein teures Taxi (35-45 €), sondern nur ein Busticket (3,20 €). Viele Athener Busse sind inzwischen sehr umweltfreundlich, fahren mit Bio-Diesel. Ansonsten erreicht man fast alle Ziele auch zu Fuß. Nachhaltig reisen heißt in Griechenland vor allem, sozialverträglich zu reisen: In traditionellen Tavernen statt bei internationalen Ketten zu speisen, einheimische Produkte zu bevorzugen, in kleinen Familienhotels zu wohnen.

Straßenhändlern in der Pláka große Plastik-Hammer und Spraydosen mit Schaum. Wer sich an diesen Abenden ins Gedränge in der Pláka wagt, sollte nicht gerade die beste Kleidung tragen, denn ausgelassene Karnevalisten schäumen jeden ein, der ihnen begegnet. Auch vor – in der Regel schmerzlosen – Hammerschlägen auf den Kopf ist man nicht ganz sicher, obwohl sie überwiegend Freunden und Bekannten gelten. Am Rosenmontag lassen dann viele große und kleine Athener auf dem Filopáppou-Hügel Drachen steigen. Sie bringen ein Picknick mit, bei schönem Wetter wird das ein Volksfest.

Ostern

Am Morgen des **Karfreitags** wird in vielen Kirchen der Epitáphios – ein kunstvoll gesticktes Tuch mit der Darstellung der Grablegung Christi, das auf einem Tragegestell ausgebreitet ist – von Mädchen und Frauen mit Blumen geschmückt. Gegen 19 Uhr beginnt dann in den meisten Kirchen der Gottesdienst. Gegen 21 Uhr wird der Epitáphios in feierlicher Prozession, begleitet von weltlichen und kirchlichen Würdenträgern und beschützt von bewaffneten Soldaten und Polizisten sowie uniformierten Pfadfindern, durch die Straßen des Pfarrbezirks getragen.

Am Morgen des **Ostersamstags** werden wie bei uns an Heiligabend die letzten Einkäufe für das größte Fest im orthodoxen Jahreslauf getätigt. Gegen 23 Uhr beginnt in allen Kirchen der Ostergottesdienst. Die Gotteshäuser sind brechend voll, viele Menschen stehen auch draußen und verfolgen die Liturgie über Lautsprecher. Um Mitternacht verkündet der Priester die Auferstehung Christi. Alle zünden ihre mitgebrachten Kerzen an, junge Leute lassen Feuerwerkskörper detonieren. Danach geht man nach Hause oder in Tavernen, wo die Ostersuppe serviert wird.

Am **Ostersonntag** drehen sich vor allem in den Gärten der Vororthäuser Lämmer am Spieß. Man sitzt mit der Familie und Freunden zusammen, isst und trinkt stundenlang, hört dazu Musik und wagt vielleicht sogar ein Tänzchen.

Athens Festival im Odeon des Herodes Atticus ▶ B 7

Juni/Juli, Eintritt je nach Vorstellung und Platz meist 20–60 €,
Metro: Thisío oder Akrópoli

Alljährlich im Sommer erwacht das antike Theater unterhalb der Akropolis zu neuem Leben. Das Spektrum der Veranstaltungen reicht von Konzerten mit berühmten griechischen Interpreten wie Giórgios Daláras bis hin zu Darbietungen von internationalen Künstlern. Ausländische Symphonieorchester sind ebenso zu Gast wie Ballett-Ensembles aus aller Welt. Internationale Schauspieltruppen führen Stücke jeweils in ihrer Landessprache auf; ob Shakespeare, Molière, Sophokles oder Aristophanes.

Athens Festival im Lycabettus Theatre ▶ H 3

Anfahrt: wie Lykavittós, s. S. ••,
Anfang Juni–Anfang Okt., im Juli und Sept. nahezu jeden Abend, sonst mehrmals wöchentlich, Eintritt je nach Vorstellung und Platz 12–50 €

Das eher improvisiert wirkende Freilichttheater auf einem kleinen Felsplateau unterhalb des Gipfels des Lykavittós dient vor allem für Pop-, Rock- und andere Konzerte sowie für Abende mit berühmten griechischen Interpreten. In den letzten Jahren waren z. B. Jane Birkin, Bryan Ferry, The Dandy Warhols, Jamaica All Stars, Massive Attack und Joaquin Cortes zu Gast. Auch Flamenco- und Tango-Abende fanden statt. Das Schauspiel-Spektrum reicht von antiken

Tragödien bis zu Gegenwartsstücken, auch dem modernen Ballett wird Aufmerksamkeit gewidmet.

Epidaurus Festival
Antikes Theater von Epídavros auf dem Peloponnes, Ende Juni–Ende Aug., jeweils freitags und samstags, Eintritt 20–50 €; Anfahrt: Per Pkw oder Linienbus (an Vorstellungstagen um 17 Uhr ab Fernbusbahnhof in der Odós Kifissoú 100, Tel. 210 512 24 91-0, Fahrpreis ca. 10 €; zum Fernbusbahnhof mit Bus 051 ab Odós Menándrou nahe Omónia-Platz; Rückfahrt nach Vorstellungsende mit dem gleichen Bus). Alternative: Buchen Sie im Hellenic Festival Box Office eine Schiffsreise nach Archéa Epídavros! Ein Festival-Bus fährt vom Sýntagma-Platz zum Dock E1 in Piräus. Von dort geht es um 17.15 Uhr per Schiff weiter nach Archéa Epídavros. Dort wartet ein Bus um 19.30 Uhr zur Weiterfahrt zum Theater. Auf der Rückfahrt wird auf dem Schiff ein Candlelight-Dinner geboten. Preis ca. 70 €, Kinder unter 10 Jahre ca. 40 €.
Im antiken Theater von Epídavros widmet man sich ganz dem antiken Drama. Man sitzt unterm Sternenhimmel, Zikaden zirpen, der Blick schweift über die Ausgrabungen und die parkähnliche Umgebung. Verschiedene griechische Bühnen spielen vor allem die vier großen Klassiker Aischylos, Sophokles, Euripides und Aristophanes; in manchen Jahren sind aber auch Komödien des Menander oder sogar Stücke europäischer Klassiker zu sehen.

Musical July
Antikes Theater von Archéa Epídavros/ Peloponnes, jeden Freitag und Samstag im Juli und August, Eintritt je nach Programm und Platz 25–40 €; Anfahrt: mit dem Pkw. Alternative: wie zum Epidaurus Festival per Schiff; vom Hafen Archéa Epídavros geht man zum Theater in 10–15 Min. zu Fuß. Fahrpreis ca. 55 €, für Kinder unter 10 Jahre ca. 30 €.
Das kleine Theater in Archéa Epidávros aus dem 4.Jh. v. Chr. fast direkt am Meer ist Schauplatz des alljährlichen ›Musikalischen Juli‹. Die maximal 2000 Zuschauer finden auf 18 antiken Sitzreihen Platz. Sie schauen zwischen Palmen auf den Saronischen Golf; dazu erklingt bevorzugt klassische Musik, gespielt von Kammerorchestern und Pianisten. An einem Wochenende wird zumeist auch griechische Musik von landesweit bekannten Sängern dargeboten.

Festivals im Internet: Einen Kurzüberblick über die wichtigsten Festivals und Links zu deren Homepages bietet www.athensinfoguide.com.

August Moon Festival
Antike Stätten wie Akropolis, Römische Agora, Odeon des Herodes Atticus u. a. m., in der (ersten) Vollmondnacht im August, Eintritt frei; Anfahrt siehe jeweilige Veranstaltungsorte.
Eins der schönsten Kulturereignisse Athens: Opernaufführungen, Konzerte und Volkstänze in antiken Stätten mit dem Augustvollmond als Beleuchtung.

Rockwave Festival
Terra Vibe, km 37 der Nationalstraße Athen-Thessaloníki, drei Tage Ende Juni/Anfang Juli; Anfahrt: Zug ab Hauptbahnhof (Lárissis) in Richtung Chalkída bis Station Sfendáli (Fahrzeit ca. 30 Min.), außerdem Sonderbusse ab Hauptbahnhof, Eintritt: Tagesticket ca. 50 €, 2 Tage ca. 95 €, 3 Tage ca. 135 €

Griechenland größtes Openair-Festival findet seit 1966 statt. Auf zwei Bühnen treten insgesamt etwa 35 griechische und internationale Gruppen auf. Auf dem 4 ha großen Gelände kann auch campiert werden.

Fundbüro

Kéntro Apolesthénton Antikímenou: Leofóros Aléxandras 173, 7. Etage, Tel. 210 6421616, Mo–Fr 8–14 Uhr. Der Weg lohnt nur selten, da Fundstücke meist dort aufbewahrt werden, wo sie verloren wurden.

Geld

Währung ist der Euro (€), der in Griechenland Ewró gesprochen wird, die Untereinheit nennt man hier statt Cent auch Leptá. Abhebungen mit der EC/Maestro-Karte oder Kreditkarten sind an den meisten Geldautomaten der Banken möglich. In Restaurants und Hotels der gehobenen Kategorien werden Kreditkarten meist akzeptiert (vor allem Visa und Mastercard), in Tavernen und Pensionen nur selten.

Gesundheit

Die Erstbehandlungen in akuten Notfällen ist in staatlichen Krankenhäusern kostenlos, nur das Material muss bezahlt werden. Die Ärzte sprechen Englisch, die Schwestern aber nicht immer. Adressen deutschsprachiger Ärzte erfährt man bei der Botschaft oder aus dem Anzeigenteil der wöchentlich erscheinenden ›Griechenland Zeitung‹.

Die Behandlung muss man bar oder per Kreditkarte bezahlen, gegen Quittung (auf Englisch) erstatten die deutschen Krankenkassen diese Kosten in Höhe ihrer Regelsätze. Die **European Health Insurance Card** der gesetzlichen Krankenversicherungen wird nur von den Krankenhäusern akzeptiert.

Der Abschluss einer **Auslandskrankenversicherung** ist ratsam, um sich gegen Risiken wie Krankenhausaufenthalt oder Rücktransport abzusichern. Jedoch sollte man nach der Höhe einer Selbstbeteiligung fragen.

Informationsquellen

Griechische Zentrale für Fremdenverkehr (EOT)

… im Ausland

– 60311 Frankfurt/M., Neue Mainzer Str. 22, Tel. 069 257 82 70, info@gzf-eot.de
– 1010 Wien, Opernring 8, Tel. 01 512 53 17, grect@vienna.at
– 8001 Zürich, Löwenstr. 25, Tel. 044 221 01 05, eot@bluewin.ch

… in Athen

Flughafenbüro, Ankunftsebene zwischen den Ausgängen A2 und A3, Tel. 210-354 51 01;
Innenstadtbüro, Leofóros Amalías 26a (nahe Sýntagma), Tel. 210-331 07 16;
Hauptbüro, Odós Tsóha 7 (gegenüber Institut Pasteur), GR-11521 Athen; Tel. 21 03 53 04 45, info@gnto.gr

Internet

Länderkennung Griechenland: gr
www.cityofathens.gr: Sehr gute, offizielle Homepage der Stadt Athen.
www.culture.gr: Ausführliche Informationen zu allen staatlichen Museen und zu den Ausgrabungsstätten in Athen und im übrigen Griechenland, meist mit aktuellen Öffnungszeiten und Eintrittspreisen.
www.athensguide.com: Beste pri-

vate Website über Athen, viele exzellente Tipps.
www.gogreece.com: Allgemeines Web-Directory für Griechenland. Infos von Sport über Wirtschaft bis Politik.
www.ose.gr: Fahrpläne der Griechischen Staatseisenbahn, z. B. für Fahrten in die Argolis oder nach Olympia.
www.psirri.gr: Exzellente Homepage eines originellen Athener Einkaufs- und Nightlife-Viertels.
www.gay.gr und **www.sapphogr.net:** Hier erfährt Mann oder Frau fast alles, was er oder sie über die Szene wissen will. Dazu viele Links, Chat-Room, Kleinanzeigenmarkt.
www.gaytravelgreece.com: Auswahl von Restaurants, Bars und Clubs, Stränden und Saunas für Gays und Lesben sowie Ausflüge, Kreuzfahrten, Hotels und Hochzeitsarrangements.
www.griechenland.net: Website der wöchentlich in Athen erscheinenden deutschsprachigen Griechenland-Zeitung.
www.athen-magazin.de: Community mit 22 000 Mitgliedern (deutsch).
www.culture2000.tee.gr: Sehr gute Website über die Architektur Athens im 20. Jh. und heute, auf Englisch und Französisch.
www.ekathimerini.gr: Englische Ausgabe einer Athener Tageszeitung.
www.ert.gr: Website des staatlichen griechischen Rundfunks und Fernsehens, viele Radio- und Fernsehprogramme werden live gestreamt.
www.meteo.ntua.gr: Die aktuellen Athener Wetterdaten.

Kinder

Tipps für die Reiseplanung

Sonnenmilch ist in Hellas teuer, nehmen Sie also genug davon mit. Aufgrund der zunehmenden Hautkrebsgefahr ist ein möglichst hoher Lichtschutzfaktor anzuraten. Griechische Ärzte verschreiben schon bei kleinen Wehwehchen schnell Antibiotika. Wenn Sie die nicht schätzen, nehmen Sie besser ihre homöopathischen Hausmittel mit. Auch Insektenschutzmittel und eventuell sogar ein Moskitonetz können sich als nützlich erweisen. Windeln und Babynahrung sind in den großen Supermärkten und in Apotheken erhältlich.

Tipps für die Reisegestaltung

Für kleine Kinder ist eine Städtereise in die laute und smogbelastete Großstadt Athen sicher wenig vergnüglich. Doch wer alte Mythen anschaulich erzählen kann, wird vielleicht sogar schon Zehnjährige für die Antike begeistern. In manchen Ausgrabungsstätten, in denen man sich relativ frei auch in die antiken Gemäuer begeben kann, können Kinder sogar fantasievoll spielen. Da können sich die Kleinen zu Marktverkäufern erklären oder in einem Tempel der Göttin einige Grashalme opfern …

Mit Kind am Flughafen

Am Athener Flughafen gibt es auf der Ankunfts- und auf der Abflugebene Babywickelräume. Ein Spielzimmer befindet sich auf der Abflugebene bei den Gates B1/B2 (tgl. 9–21 Uhr). Der beste Warteplatz für ältere Kinder ist das McDonald's Restaurant über der Abflugebene mit Blick auf die Startbahn.

Kinderermäßigungen

Für Zustellbetten dürfen Hotels bis zu 20% des Zimmerpreises erheben. In der Metro und allen Stadtbussen fahren Kinder unter 6 Jahren kostenlos. Schüler und Studenten zahlen in der Metro 40 statt 80 Cent, in Bussen den vollen Fahrpreis. Schüler und Studenten aus EU-Ländern haben zu allen staatlichen Museen und zu allen Ausgrabungsstätten bei Vorlage eines entsprechenden Ausweises freien Eintritt.

Schlafenszeiten

Die meisten Athener sind sehr kinderfreundlich und lassen ihren Nachwuchs einfach am Leben der Erwachsenen teilhaben. Kinder dürfen bis Mitternacht wach bleiben und auf den Plätzen herumtollen. Dafür ruhen sie mittags, wenn die Sonne am heißesten und die UV-Strahlung am gefährlichsten ist. In der Sommerzeit tut man gut daran, diesen Rhythmus zu übernehmen.

Klima und Reisezeit

Die angenehmste Reisezeit sind die Monate Mai, Juni, September und Oktober. Juli und August lassen sich ertragen, wenn man auch einmal auf die vorgelagerten Inseln oder zumindest an die nahen Strände Attikas fährt. Zwischen November und April muss immer mit Regen und manchmal sogar mit leichten Schneeschauern gerechnet werden. Man kann in dieser Zeit aber auch frühlingshafte Schönwetterperioden erleben. Ein besonderer Reiz der Wintermonate besteht darin, dass an den archäologischen Stätten und in den Museen wenig Betrieb herrscht und dass in vielen Cafés und Tavernen offene Kamine wohlige Wärme verströmen. Außerdem ist die Fernsicht oft grandios.

Klimadiagramm Athen

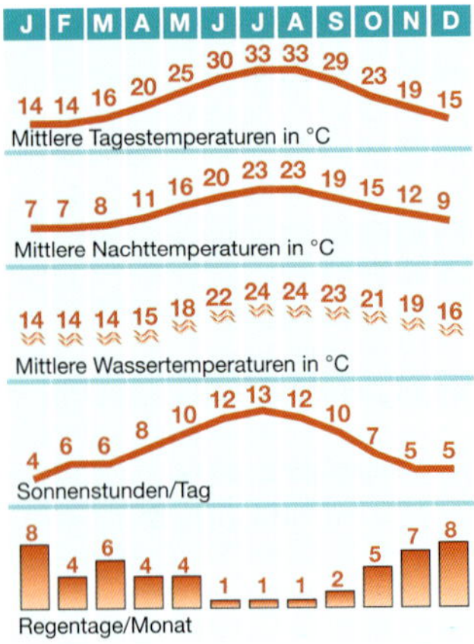

Öffnungszeiten

Banken: Mo–Do 8–14, Fr 8–13.30 Uhr
Postämter: Mo–Fr 7.30–15 Uhr
Geschäfte: Mo, Mi, Sa ca. 9–14, Di, Do, Fr 9–13.30 und 17–20.30 Uhr
Supermärkte: Mo–Fr 8–22 Uhr, Sa 8–16 Uhr; Souvenir-Shops tgl. 10–23 Uhr.

Rauchen

In allen Verkehrsmitteln, auf Bahnhöfen und Flughäfen, in Geschäften und Büros ist das Rauchen verboten. Am Flughafen gibt es für ankommende Passagiere jedoch kurz vor der Gepäckausgabe Raucherkabinen. In Restaurants, Tavernen und Clubs herrscht zumeist Rauchverbot, einige Lokale halten jedoch spezielle Raucherräume bereit.

Reisen mit Handicap

Körperbehinderte rücken zwar zunehmend ins Bewusstsein der Athener Stadtplaner, finden aber zurzeit höchst unvollkommene Bedingungen vor. Ohne Begleitung ist ihnen eine Athen-Reise nicht anzuraten.

Sport und Aktivitäten

Biking

Acropolis Bikes: **D 4,** Odós Aristídou, Emborikó Trígono, Tel. 210 324 57 93, www.acropolisbikes.gr, 3 €/Std., 1 Tag 15 €, 2 Tage 25 €, jeder weitere Tag 7 €. Im Herzen Athens vermietet das alternative Unternehmen 24-gängige, gut gewartete Alufahrräder verschiedener Größen. Im Angebot sind vier jeweils zweistündige und 9 km lange Touren durch verschiedene Stadtviertel.

Golf

Glyfáda Golf Club: ▶ außerhalb, Odós Pronóis/Odós Evliménis, Glyfáda, Tel. 210 894 64 59, www.athensgolfclub.com, Mo ab 13, Di–So ab 7.30 Uhr, jeweils bis Sonnenuntergang, Green Fee 52,50 €, Sa/So 75 €. 18-Loch-Platz, par 72, mit 15 000 Bäumen nahe dem Meer. Elegantes Clubhaus, drei Tennisplätze, Pro-Shop.

Jogging

Dieser Sport ist in Hellas eher unpopulär. Wer es nicht lassen kann, sollte keinesfalls die Hitze unterschätzen und ausreichend Wasser mitnehmen. Zum Joggen geeignet sind am ehesten der Nationalgarten (▶ E/F 6/7) und der daran anschließende Záppio-Park (▶ E 7) sowie der Ardíttos-Hügel rund um das Panathenäische Stadion (▶ F 8, Eingang Odós Archimídous).

Schwimmen

Wer eines der öffentlichen Freibäder besuchen will, muss je nach Bad ein oder zwei ärztliche Gesundheitszeugnisse (vom Kardiologen und Dermatologen) sowie zwei Passfotos und eine Fotokopie seines Passes vorlegen. Da fährt man besser an einen Strand oder man geht in eins der Hotelschwimmbäder, die nichts außer einem hohen Eintrittspreis verlangen (je nach Hotel und Wochentag 7–40 €), z. B.:

Divani Apollon Palace: außerhalb, Adresse siehe Wellness, zwei Pools, Liegewiese, Meerblick, Mo–Fr 10–22, Sa/So 10–23.30 Uhr, Mo–Fr 20 €, Sa/So 38 €, kein Zutritt unter 16 Jahren.

EOT-Strandbad: außerhalb, Plaz Vouliagménis, Tel. 210 967 31 84, tgl. 8–20

Sicherheit und Notfälle

Die Kriminalitätsrate in Griechenland gehört zu den niedrigsten in Europa. Auch in Athen braucht man sich vor Raubüberfällen auf offener Straße, Handtaschenraub vom Motorrad aus oder Einbrüchen in Hotelzimmer nicht sonderlich zu ängstigen. Taschendiebstahl wird aber immer häufiger. In öffentlichen Verkehrsmitteln, bei Großveranstaltungen und um den Omónia-Platz ist größere Vorsicht angebracht.

Wichtige Notrufnummern

Krankenwagen, Polizei und Feuerwehr: Tel. 112; gebührenfrei, Englisch wird fast immer verstanden.

Pannendienst: Tel. 10444

ADAC Athen: Tel. 210 960 12 66

Sperren von Kreditkarten: Tel. 0049 11 61 16, **von Maestro-, Bank- und Sparkassen-Card:** 0049 18 05 02 10 21

Deutsche Botschaft: Tel. 210 728 51 11 www.athen-diplo.de

Österreichische Botschaft: Tel. 210 725 72 70, www.aussenministerium.at/athen

Schweizer Botschaft: Tel. 210 723 03 64, www.eda.admin.ch/athens

Uhr. Eintritt 3 €, Kinder unter 6 Jahren frei. Bis zur Platía Glyfádas mit Straßenbahn (Tram) oder mit Bus A3 oder B3 ab Odós El. Venizélou/Ecke Odós Sína, von dort Bus 114, 115 oder 149 bis Haltestelle A' Plaz Vouliagménis (Taxi von Glyfáda zum Bad ca. 6 €). Gepflegtes Strandbad mit Umkleidekabinen, Liegestuhl- und Sonnenschirmvermietung, drei Tennisplätzen, Café und Bars.

Wellness

GB Spa: Platía Syntagmátos (im Hotel Grande Bretagne ■ **E 5**), Tel. 210 333 00 00, www.grandebretagne.gr, Metro: Sýntagma, Pool und Fitness-Center tgl. 6–22 Uhr, Thermal Suite und Anwendungen tgl. 9–21.30 Uhr, Tagesarrangements inkl. Übernachtung ab ca. 175 €/Pers. (im DZ). Zum Wellness-Center im renommiertesten Hotel der Stadt haben auch Nicht-Hotelgäste Zutritt, wenn sie eine Anwendung buchen. 2 Std. Pool und Thermalsuite 40 €.

Divani Apollon Spa & Thalasso: ► außerhalb, Odós Ag. Nikoláou 10, Vouliagméni, Tel. 210 891 11 00, www.divanis.gr, Tagesarrangements inklusive einer Übernachtung ab 220 €/Pers. (im DZ), Bus A3 oder B3 ab Bus-Endhaltestelle Odós El. Venizélou/Ecke Odós Sína bis Endstation, dann Bus 114 bis Ágios Nikólaos. Das Spa des Strandhotels bietet auf 3500 m² Fläche vor allem Thalasso-Anwendungen und Massage-Varianten. Nicht-Hotelgäste werden nach Voranmeldung akzeptiert.

Telefonieren

Am besten mit **Telefonkarten,** die an jedem Kiosk, in vielen Supermärkten und bei OTE-Büros erhältlich sind. **Internationale Vorwahlen:** D 0049, A 0043, dann die Ortsvorwahl ohne Null, CH 0041. Vorwahl für GR 0030.

Alle **Telefonnummern** außer Notrufnummern sind zehnstellig. Eine Ortsvorwahl gibt es nicht. Bei Anrufen nach Griechenland wählt man 0030 plus die zehnstellige Rufnummer.

Handys: Über die günstigsten Roaming-Partner informiert Ihr Provider. Wer viel telefonieren will, kauft besser eine griechische Prepaid-Karte.

Unterwegs in Athen

Zu Fuß

Die meisten Ziele Athens kann man bequem zu Fuß erreichen. Fußgängern sollte jedoch klar sein, dass Zebrastreifen in Athen keinerlei Bedeutung haben und grüne Fußgängerampeln nicht bedeuten, dass man die Straße ungefährdet überqueren kann.

In der Athener Innenstadt sind zahlreiche Straßen in Fußgängerzonen verwandelt worden. So ist es seither möglich, die Akropolis weiträumig zu umrunden, ohne eine einzige Autostraße überqueren zu müssen.

Metro

Drei Linien verkehren in dichtem Takt täglich zwischen ca. 5 und 24 Uhr.

Linie 1 verbindet den Haupthafen von Piräus mit dem Villenvorort Kifíssia und hält auch am Olympiastadion. Innerstädtische Umsteigestationen sind Monastiráki und Omónia.

Linie 2 verbindet Ágios Antónios und den Hauptbahnhof von Athen mit Al. Papagoúlis. Innerstädtische Umsteigestationen sind Omónia und Sýntagma.

Linie 3 verbindet Aegaléo und Monastiráki über den Sýntagma-Platz mit Ethnikí Amína, einige Züge fahren weiter bis zum Flughafen.

Tickets: Einzelfahrscheine (außer zum Flughafen) kosten 1 €. Sie sind an Automaten in den Stationen, an Kiosken und bei Straßenverkäufern erhältlich und 90 Min. lang gültig.

Busse

Zahlreiche Buslinien durchkreuzen Athen zwischen ca. 5 und 24 Uhr. Es gibt jedoch keinen gedruckten Fahrplan und keinen Netzplan. An größeren Haltestellen hängen jedoch (oft durch Aufkleber und Graffiti unlesbar gewordene) Streckenpläne für die jeweils dort haltenden Linien; unter www.oasa.gr kann man alle Routen finden. Ticketpreis: 1 €, Ticketgültigkeit 90 Minuten.

24-Stunden-Tickets, die zur unbeschränkten Benutzung aller Bus- und Metrolinien außer denen zum Flughafen berechtigen, sind an den Metrostationen für 3 € erhältlich. **Wochentickets** für alle Busse und Bahnen kosten 10 €.

Tram

Die vom italienischen Designer Pininfarina gestylte Tram verbindet den Sýntagma-Platz mit Voúla sowie mit Néo Faliró. Eine dritte Linie fährt zwischen Néo Faliró und Voúla immer am Meer entlang und ist eine der schönsten Straßenbahnlinien Europas (Ticket 1 €).

Taxi

Trotz 20 000 Athener Taxis ist es oft schwer, ein freies Taxi zu finden. An Standplätzen stehen meist nur nachts ein paar Wagen herum. Man kann versuchen, ein schon besetztes Taxi am Straßenrand anzuhalten. Dabei ruft man dem Fahrer sein Fahrtziel zu. Passt es ungefähr in seine Richtung, steigt man zu. Der Fahrpreis wird von jedem Fahrgast für seine Strecke in voller Höhe entrichtet. Angenehmer ist es, sich von der Rezeption ein Funktaxi rufen zu lassen. Das ist zwar etwas teurer, dafür bleibt man aber im Taxi allein und fährt direkt ans Ziel.

Überlandbusse

Von den beiden Athener Fernbusbahnhöfen aus fahren zahlreiche klimatisierte Linienbusse in alle Provinzhauptstädte des Landes.

Busse auf den Peloponnes fahren vom Busbahnhof in der Leofóros Kifissoú 100 (▶ Karte 2, nördl. aF1; ab Omónia-Platz/Platía Ag. Konstantinou Bus 051).

Busse nach Délfi fahren vom Busbahnhof in der Odos Liossíon 260 (▶ nördl. B 1, ab Sýntagma-Platz Bus 024).

Busse zu Zielen in der Athen umschließenden Provinz Attika fahren ebenfalls von zwei verschiedenen Busbahnhöfen ab.

Busse nach Lávrio und Kap Soúnio starten nahe dem Nationalmuseum (Metro Viktoria) von der Odós Mavromatéon/Leofóros Alexándras (▶ D 1), Busse nach Elefsína und ins westliche Attika starten an der Metro-Station Thisío (▶ A 5).

Bustickets kauft man am Fahrkartenschalter an den Busbahnhöfen.

Züge

Ausflüge auf den Peloponnes kann man auch mit dem Zug unternehmen. Die Züge starten am Peloponnes-Bahnhof, den man vom Hauptbahnhof Laríssis (▶ A 1, gleichnamige Metrostation) über eine Brücke erreicht. Bis Korinth fährt der Vorortzug *proastiakó* direkt vom Hauptbahnhof aus.

Leihwagen

Autos für Ausflüge in die Umgebung sind auch in der Innenstadt erhältlich, aber man mietet sie besser am Flughafen an. So vermeidet man den dichten Stadtverkehr und die wegen schlechter Ausschilderung oft erheblichen Orientierungsprobleme. Vom Flughafen erreicht man über die Stadtautobahn Attikí Odós schnell und sicher alle Ausflugsziele bis hin nach Délfi und zum Peloponnes.

15 x Athen direkt erleben

Es gibt tausend Möglichkeiten, Athen intensiv kennenzulernen, so zum Beispiel an einem Abend in der Plaka unterhalb der Akrópolis. In diesem Kapitel finden Sie 15 weitere Vorschläge für einen Altstadt- oder einen Shopping-Bummel, Museumsbesuche oder das Eintauchen in junge Szeneviertel, die Sie Athen in seinen vielen Facetten direkt erleben lassen.

1 | Athens berühmtester Treffpunkt – der Sýntagma-Platz

Karte: ▶ E 6 | **Anfahrt:** Metro: Sýntagma

Athens ›Verfassungsplatz‹ ist ein Hybrid. Schöne historische Fassaden geben sich ein Stelldichein mit Zweckbauten jüngerer Jahre, stilvolle Luxushotels mit Fast Food-Outlets. Der Platz ist kein Ruhepunkt für Müßiggänger, sondern ein Schnittpunkt sich kreuzender Wege für Menschen und Fahrzeuge – und Ziel fast aller politischen Demonstrationen.

Die Demonstrationen haben das **Parlamentsgebäude** 1 zum Ziel. Das residiert im auch architektonisch dominierenden Bauwerk am Platz. Es steht leicht erhöht an dessen Ostseite. Es wurde 1842 für den ersten neugriechischen König, den aus Bayern stammenden Wittelsbacher Otto I. (Othónos A') erbaut, dem das griechische Volk 1844 eine erste Verfassung abrang. Schon seit Anfang des 20. Jh. wird es nicht mehr als Königspalast genutzt, seit 1935 dient es als Sitz des etwa 300 Köpfe starken, mindestens alle vier Jahre neu gewählten Parlaments.

Unterhalb des Parlaments stehen die Evzonen Wache am **Grabmal des Unbekannten Soldaten** 2. Sie sind Soldaten eines Ehrenregiments, die noch die traditionelle Uniform des. 19. Jh. mit kurzem weißen Faltenrock, einem bestickten Wams, einer Schürze aus Seidenstreifen und Schnabelschuhe tragen. Sie werden zu jeder vollen Stunde abgelöst. Dieser Wachwechsel ist mit einer zackigen Zeremonie verbunden. Besonders aufwendig wird der Wachwechsel an jedem Sonntagmorgen um 11 Uhr vollzogen, wenn die gesamte Evzonen-Kompanie aufmarschiert.

Über und unter der Erde

Die Nordseite des Platzes säumen drei Hotels, eins modern, zwei klassisch. Luxus pur inklusive Präsidentensuiten bieten das **King George II** 3 in einem

Stadtpalais aus dem 19. Jh. und das **Grande Bretagne** 4, das 1862 als Gästehaus des Königs errichtet wurde und schon seit 1872 als Hotel dient. Während der großdeutschen Besatzung 1941–1944 nutzte es die Reichswehr als Hauptquartier, nach dem Sturz der griechischen Militärjunta 1974 diente seine oberste Etage einige Monate lang als Sitz der demokratischen Übergangsregierung unter Kóstas Karamanlís.

Süd- und Westseite des Platzes werden von vielgeschossig-nichtssagenden Bürohäusern dominiert. Einzige historische Reminiszenz ist der auffällig rote Bau des französischstämmigen Elektronik-Kaufhauses **Public Multi Stores** 5 in einem repräsentativen Gebäude aus dem 19. Jh.

Im Schnitt 2500 Jahre älter sind die antiken Objekte, die auf der Eingangsebene der marmorglänzenden **Metro-Station Sýntagma** 6 ausgestellt sind. Eine Wand ziert ein langer, mehrere Meter hoher Schnitt durch das Erdreich samt einigen historischen Fundobjekten, wie sie die Archäologen hier während der Bauarbeiten vorfanden. In mehreren Vitrinen sind Keramikgefäße und andere Kunstgegenstände zu sehen, die im Bereich der Station freigelegt wurden.

Übrigens: Sie kommen überall auf und am Sýntagma-Platz rund um die Uhr kostenlos ins Internet. Die Stadt Athen hat diesen Service eingerichtet.

Was es sonst noch gibt

100 m südlich vom Grabmal des Unbekannten Soldaten liegt gegenüber der Endhaltestelle der Tram ein Eingang zum **Nationalgarten** 7, einer grünen Oase im Herzen der City. 1836 wurde er als Schlosspark angelegt. Der kleine Ententeich im Park ist ein beliebter Tummelplatz von Familien mit Kindern. Als Snack für sich selbst und als Entenfutter kaufen sie am Parkeingang meist einige ›Kouloúria‹, Teigkringel mit Sesam.

Cafés am Platz

Für eine griechische Platía ist der Hauptplatz Athens eher arm an Cafés. Ein paar Tische findet man vor den Häusern, in denen **Mc Donald's** 1, die Cafébar **Everest** 2 und das Kaufhaus Public untergebracht sind.
Zwei teurere Cafés **(Ethnikón** 3 und **Panathinéon** 4) verstecken sich hinter Grün nahe dem Eingang zur Metro in der Nordost- und Südostecke des Platzes. Im Ethnikon wird zum griechischen Kaffee immer ein *loukoúmi* serviert, mit Puderzucker bestäubter Fruchtgelee (ca. 4 €). Ganz im Trend, Neues zu probieren, liegen die Croissants mit Frischkäseaufstrich, dazu werden *glikó tou koutalioú* serviert, in Sirup eingelegte Früchte (ca. 4 €).

Drehkreuz Sýntagma

Flughafen-Busse fahren auf der Westseite ab. Der Startpunkt der roten Rundfahrtbusse (Hop-on-Bus) liegt in der Südwestecke vor dem Postamt, das auch Athens beste Anlaufadresse für Briefmarkensammler ist.

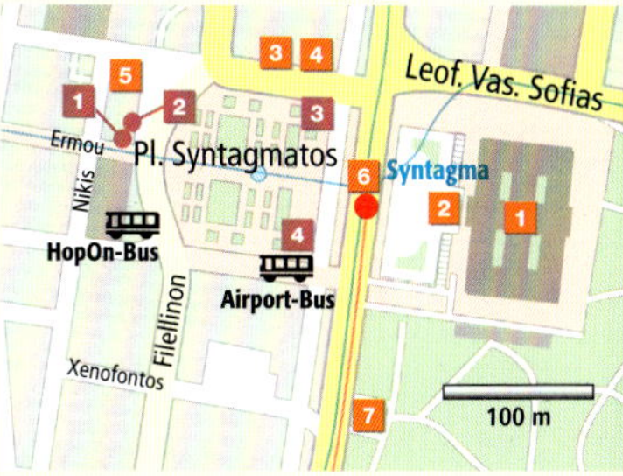

2 | Generalkonsulat Gottes – Die Mitrópolis

Karte: ▶ E 6 | **Anfahrt:** Metro: Sýntagma

Orthodoxe Kirchen sind keine Stätten besinnlicher Andacht und lehrreicher Predigten. Sie gleichen Konsulaten des Himmels auf Erden. Man geht hin, um sich helfen zu lassen und für erfahrene Hilfe zu danken. Bischofskirchen, in Hellas immer ›Mitrópolis‹ genannt, nehmen für die Gläubigen meist sogar den Rang von Generalkonsulaten ein.

Die Mitrópolis (Megali Mitrópoli) von Athen ist die ranghöchste von allen: Sie ist die Kirche des Erzbischofs von Griechenland, begrüßt an hohen Feiertagen auch viel politische Prominenz bis hin zum Staatspräsidenten. Gottesdienste in der Mitrópolis werden fast jeden Sonntag landesweit im Fernsehen übertragen.

Architektonisch ist sie eher untypisch, trägt deutliche Anzeichen westlicher Dominanz im 19. Jh. Vier Architekten haben zwischen 1840 und 1855 am unharmonischen Stilgemisch mitgewirkt, darunter auch der 1804 in Breslau geborene Schinkel-Schüler Eduard Schaubert.

Die Ikonostase

Nach Betreten der Kirche fällt der Blick nach vorn auf die Ikonostase, hinter der der den Augen des Besuchers verborgene Altarraum liegt. Im Westen wird diese viele Ikonen tragende Bilderwand als Trennwand gesehen, die sie optisch ja auch ist. Für orthodoxe Gläubige ist sie eine Verbindungswand: Wer sich quasi meditativ in den Anblick der Ikonen versenkt, verlässt dadurch geistig die irdische Welt und dringt in die hinter der Ikonostase präsente mystische Welt ein. Ihre Existenz wird dem Christen besonders stark während der Feier des Heiligen Abendmahls spürbar, wenn sich auf dem Altar die Verwandlung von Brot und Wein in Leib und Blut Christi vollzieht.

Kanzel und Thron

Für die Ausstattung orthodoxer Kirchen gelten viele schon vor etwa 1000 Jahren genau festgelegte Regeln. So sind an der Ikonostase rechts von der Mitteltür stets Christus und Johannes der Täufer in ihren Ikonen präsent, links der Mitteltür Maria mit dem Jesuskind und der Heilige oder das biblische Ereignis, dem die Kirche geweiht ist. Links vor der Ikonostase ragt eine winzige Kanzel aus der Kirchenwand oder dem vordersten Pfeiler. Sie wird nur selten genutzt, denn Predigten sind in orthodoxen Kirchen unüblich. Rechts vor der Ikonostase steht immer der auffällig große Bischofsthron. In dieser staatstragenden Kirche nimmt gleich neben dem Erzbischof meist der Staatspräsident Platz.

Überall Oklad

Gläubige kommen nicht nur zu Gottesdiensten in die Kirche. Sie steht jeden Tag von morgens bis abends für Hilfesuchende und Dankende offen. Nach dem Betreten werden als Erstes die vier mit getriebenem Silber verkleideten Ikonen geküsst, die auf niedrigen Ständern direkt im vordersten Mittelschiff liegen. Schauen Sie sich stellvertretend für alle vier die ganz linke einmal genauer an! Sie erkennen Maria auf ihrem Sterbebett, umstanden von den Aposteln. Über ihr schwebt als Symbol des Heiligen Geistes eine Taube. Vor ihrem Sterbebett hat gerade ein Engel dem Jephonias die Hände mit dem Schwert abgeschlagen, weil der Maria durch Berührung entweihen wollten. Die gesamte Szene ist mit Silberblech verkleidet, die die darunter befindliche Ikone nahezu vollständig bedeckt. Was auf der Ikone als Malerei zu sehen wäre, ist auf dem Silberblech eingraviert. Nur die Köpfe der heiligen Figuren und die Taube sind noch als Malerei zu sehen. Dem frevelnden Jephonias wird diese Ehre natürlich nicht gewährt.

Wenn Sie nun ihren Blick durch die Kirche schweifen lassen, erkennen Sie, dass auch viele andere Ikonen überall im Raum mit solchen Silberblechgravuren, dem sogenannten Oklad, bedeckt sind. Dieses Oklad stiften in der Regel Gläubige, um den dargestellten Heiligen zu ehren, ihm für erhörte Gebete zu danken. Den Göttern solche Votivgaben darzubringen, war übrigens auch schon in der heidnischen Antike üblich.

Schmuck und Uhren

Gehen Sie nun im linken Seitenschiff so weit wie möglich nach vorn, sehen Sie vor einem Pfeiler rechts den versilberten **Reliquiensarg der hl. Filothéi,** die im Westen als Philotea bekannt ist. Sie verbrachte ihr Leben als Ordensfrau im Kloster und wurde 1589 von den Türken in Athen enthauptet wurde, weil sie christlichen Sklaven zur Flucht verholfen hatte. Im offenen Sarg liegen Teile ihrer Gebeine in ein Tuch gehüllt, zwei Öffnungen geben den Blick auf die Knochen frei. Über ihrem Reliquiensarg zeigt eine mit Oklad bedeckte Ikone ihr Martyrium.

Von vielen erhörten Gebeten kündet die **Marienikone** gleich links vom Reliquar an der Wand. Dankbare Gläubige haben sie mit Geschenken geehrt:

Übrigens: Weihwasserbecken, eine Orgel und Beichtstühle werden Sie in orthodoxen Kirchen nirgends finden. Auch Skultpuren fehlen völlig. Sie sind ja dreidimensional und würden dem orthodoxen Prinzip widersprechen, das Heiligendarstellungen Wesen und Geist des Dargestellten präsent machen sollen, nicht aber seine Körperlichkeit.

Schmuck, Armbanduhren und vor allem sogenannten *támata*, auch in katholischen Wallfahrtskirchen üblichen Votivtäfelchen. Darauf ist abgebildet, worauf sich die erbetene und erhaltene Hilfe bezog: Hier Männer, Frauen, Kinder und einzelne Körperteile, anderswo im Lande kann man auch Autos, Schiffe, Schafe oder Häuser entdecken.

Zettel und Kerzen

Gehen Sie nun ins rechte Seitenschiff hinüber, steht gleich links neben der großen Christus-Ikone am vordersten Pfeiler ein Zettelkasten. Auf den bereitliegenden Zetteln können die Namen von Lebenden und Verstorbenen notieren, die der Priester in sein nächstes Fürbittgebet einbeziehen soll.

Ein paar Schritte entfernt brennen Kerzen, die Gläubige als Zeichen der Ehrfurcht entzündet haben. Direkt neben dem Kerzenhalter steht eine Kiste mit gebrauchten Kerzen: Ein Kirchendiener löscht die entzündeten Kerzen regelmäßig, um sie einem kostenbewussten Recycling zuzuführen. Schließlich zählt nicht das Materielle, sondern der gute Wille, der sich im Kerzenkauf manifestiert hat.

Öffnungszeiten

Mitrópolis Mo–Fr 6.30–20 Uhr, Sa/So ab 7.30 Uhr. Kleine Mitrópolis meist vormittags.

Bescheidener Nachbar

Unmittelbar neben der Mitrópolis steht seit etwa 900 Jahren die winzige **Kleine Mitrópolis** (Mikri Mitropóli). In ihren Außenwänden wurden 100 Steinblöcke und Reliefs aus frühbyzantinischer Zeit und Antike verbaut. Besonders schön ist ein antiker Fries über dem Portal. Auf ihm sind Tierkreiszeichen und Szenen antiker Monatsfeste dargestellt, darunter Tänze, ein Hahnenkampf, ein Stieropfer und nackte Athleten.

Kirchen-Knigge

Knappe Shorts und nackte Oberkörper sind in Kirchen verpönt, ansonsten sind die Kleiderregeln sehr liberal.

Gut rasten

In der linken unteren Ecke des Platzes befindet sich die **Café-Konditorei Metropol** 1. Probierenswert: Das orientalische Gebäck *kataífi* mit Vanilleeis (6 €) oder die Zitronentorte *lemonópitta* (4,50 €).

Klerikal shoppen

Zahlreiche Kirchen- und Klerusausstatter haben sich im unmittelbaren Umfeld in der Odós Agías Filothéis und der Odós Apóllonas niedergelassen. Taufbecken und Bischofsgewänder kommen als Souvenirs kaum in Frage, aber auch Weihrauchschwenker, Kerzenständer und handgemalte Ikonen werden hier verkauft.

3 | Im Herzen der Altstadt – Kidathinéon und Adrianoú

Karte: ▶ C/D 6–7 | **Anfahrt:** Metro: Sýntagma

Als autofreie Hauptachsen durchziehen die beiden Gassen das Altstadtviertel unterm Nordhang der Akropolis. Mit ihren vielen Geschäften, Cafés, Bars und Tavernen locken sie bis spät in den Abend hinein die internationale Gästeschar. Neben viel Tand findet man hier in den Läden auch manch Bemerkenswertes.

Schon nach wenigen Schritten steht links das **Museum für griechische Volkskunst** 1. Ausgestellt sind Stickereien und Webarbeiten, traditionelle Karnevalskostüme aus verschiedenen Regionen Griechenlands, Schattenspielfiguren und Wandgemälde des bedeutendsten griechischen Malers der Neuzeit, Theófilos (ca. 1870–1934).

Liebhaber moderner Kunst biegen dann in die nächste Gasse links ein und stehen zugleich vor dem **Frissíras-Museum** 2. Das exzellente private Museum in zwei klassizistischen Villen aus den Jahren 1860 und 1904 widmet sich ganz der europäischen Gegenwartskunst. Allen ausgestellten Werken gemeinsam ist das Thema des menschlichen Körpers. Im Museumscafé kann auch moderne Kunst erstanden werden.

Hollywood unterm Sternenhimmel

Die Odós Kidathinéon weitet sich wenige Meter tiefer zu einem kleinen Platz, der Platía Eterías. Sie wird von mehreren Tavernen und schicken Café-Bars mit relativ hohen Preisen gesäumt. An der Kidathinéon folgt rechts sogleich der Eingang zum **Cine Paris** 1, einem der schönsten Sommerkinos der Stadt. Es ist auf einem Hausdach angesiedelt und bietet einen schönen Blick auf die Akropolis und über den Westen der Stadt bis in die Bergwelt Attikas hinein.

Übrigens: Sie können auch mit einem Zug durch die Altstadtgassen fahren. Der **Trenáki** 1 sieht aus wie eine kleine Dampfeisenbahn, fährt aber mit Benzin auf Gummirädern. Die Fahrgäste sitzen in einem von drei offenen Waggons und kreuzen etwa 40 Minuten lang ohne fahrplanmäßigen Halt durch die Pláka. Abfahrt an der Platía Agorás, tgl. 11.30–23 Uhr, Erwachsene 5 €, Kinder (4-10 J.) 3 €.

Eine Bar sorgt nicht nur in der obligaten Pause für Getränke und Popcorn. Man sitzt auf drei Ebenen; wer früh genug kommt, ergattert vielleicht sogar eine der beiden Mini-Terrassen, auf denen jeweils nur ein Tisch und drei Stühle Platz finden. Im Erdgeschoss des Hauses werden auch tagsüber historische griechische und internationale Filmplakate feilgeboten. Die griechisch geschriebenen Namen weltberühmter Schauspieler zu entziffern kann da zum großen Rätselraten gedeihen.

Aufs Innen konzentriert

Auf der anderen Straßenseite folgen sogleich zwei Lokale, in denen die Aussicht nichts zählt. Das **Vrettós** 2 versteht sich heute als hippe Wein- und Cocktailbar mit landesweit einzigartigem Ambiente. Die Inneneinrichtung aber ist viele Jahrzehnte alt, zeugt von der langen Geschichte der heutigen Bar als Wein- und Spirituosenhandlung.

An einer Seite des Raums stehen uralte Holzfässer in drei Reihen übereinander, in denen früher Wein, Ouzo und Brandy lagerten. An zwei anderen Wänden füllen Flaschen in allen nur erdenklichen Likörfarben die Regale, die aus der hauseigenen Destillerie stammen: Bananen- und Rosenlikör sind ebenso im Angebot wie Parfait d'Amour und Blue Curaçao, dazu ein guter *mastícha* aus dem Harz des Mastixstrauches. Vrettós-Ouzo wird nicht nur in Glas-, sondern auch in unzerbrechlichen Blechflaschen gehandelt.

Die Gäste sitzen entweder direkt am Verkaufstresen oder an einem einzigen, langen Tisch – einen besseren Ort, um mit griechischen und internationalen Touristen ins Gespräch zu kommen, gibt es in der ganzen Pláka nicht.

Gleich neben dem Vrettós führen Stufen in eine der letzten der noch vor 30 Jahren so häufigen Kellertavernen der Stadt hinab. Spezialität des **Damigós Bakaliarákia** 1 5 ist *bakaljáros me skordaljá*, frittierter, dick panierter Stockfisch mit Knoblauch-Kartoffel-Püree. Seinetwegen kommen auch viele Athener hierher.

Originell shoppen

Nun mündet die Kydathinéon auf die Odós Adrianoú, der Sie nach rechts folgen sollten.

Nur 20 m von ihr entfernt kreiert Dimítris Kouteliéris im **Ellinikó Spíti** 1 6 in der Odós Kékropos Möbel sowie Dekorationsaccessoires fürs Haus aus altem Schiffsholz, das er auf alten Bootswerften und an Stränden sammelt. Ganz auf Spirituosen spezialisiert hat sich dann **The Greek Shop** 2. Er bietet den Anisschnaps Ouzo aus übers ganze Land verstreuten Destillerien an. Etliche Sorten gibt es – ebenso wie Olivenöl – auch als Miniaturen, so dass man sich leicht ein Gebinde für den eigenen Ouzo- oder Olivenöl-Geschmackstest zusammenstellen kann.

Fans der deutschen Rockgruppe The Scorpions und andere Hard Rock-Liner fühlen sich im **Remember** 3 von Dimítris Tsounátos wie im Paradies, denn der Meister entwirft und produziert Mode und mehr speziell für diese Zielgruppe. Auch die in Griechenland äußerst erfolgreichen Scorpions haben schon bei ihm eingekauft.

Antike zum Ausklang

Die Odós Adrianou mündet auf die kleine Platía Agorás mit den Tischen und Stühlen guter Café-Bars unter schattigem Grün. An ihrer Westseite ragt gleich hinter der Haltestelle des spielzeughaft wirkenden *trenáki*-Zuges die Rückwand der **Hadrians-Bibliothek** 3 auf, die der römische Kaiser und Gönner Athens um 130 errichten ließ. An den zentralen Bibliothekssaal mit seinen vielen Wandnischen für die Aufbewahrung von Pergamenten und Papyrusrollen schlossen sich zu beiden Seiten Lese- und Hörsäle an. In der Mitte des von 100 Säulen umstandenen Innenhofs spendeten Brunnen und Wasserbassins wohltuende Frische. Auf die muss man heute leider verzichten.

Öffnungszeiten

Museum für griechische Volkskunst 1: Odós Kydathinéon 17, Di–So 9–14 Uhr, Eintritt 2 €.
Frissirás-Museum 2: Odós Monís Astériou 3 und 7, www.frissirasmuseum.com, Mi–Fr 10–17, Sa, So 11–17 Uhr, Eintritt 6 €.
Hadrians-Bibliothek 3: Eingang Odós Aréos, Mai–Sept. tgl. 8–19 Uhr, April/Okt. tgl. 8.30–17 Uhr, Nov.–März Di–So 8.30–15 Uhr, Eintritt 2 €.

Sommerkino und Tavernen

Cine Paris: Odós Kydathinéon 22, Pláka, Tel. 210 322 20 71, Mai–Sept. ca. 20.45 und 23.15 Uhr, Eintritt 8 €.
Vréttos: Odós Kydathinéon 41, tgl. ab 10 Uhr, Glas *mastícha* 4,50 €.
Damigós Bakaliarákia: Odós Kydathinéon 41, Tel. 210 322 50 84, Di–Sa ab 17, So auch 12–16 Uhr, im August geschlossen, *bakalajáro me skordaljá* inkl. Salat und Tischgetränk ca. 10 €.

Shopping

Ellinikó Spít: Odós Kekrópos 14
The Greek Shop: Odós Adrianoú 120
Remember: Odós Adrianoú 79

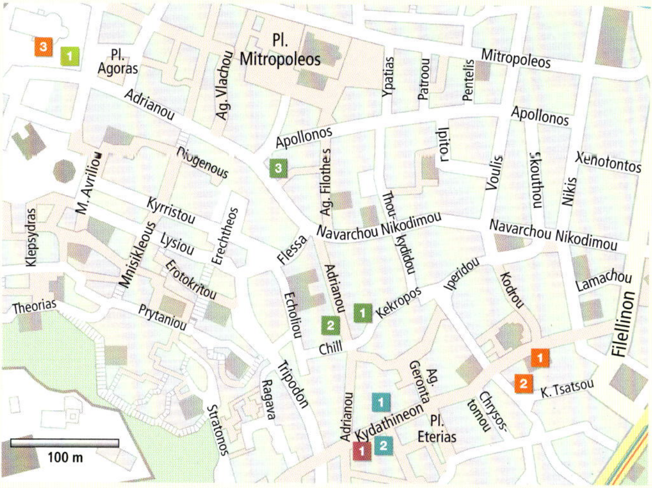

4 | Stille Ecken – auf Nebengassen nach Anafiótika

Karte: ▶ C 7 | **Anfahrt:** Metro: Sýntagma

Abseits der gängigen Flaniermeilen entfaltet die Pláka einen ganz besonderen Reiz. Das straßenlose Viertel Anafiótika mit winzigen Häusern und schmalen Gassen im Inselstil des 19. Jh. bildet den stärksten Kontrast zu klassizistischen Villen, mittelalterlichen Kirchlein und locker ins Viertel eingestreuten Tavernen.

Odós Tripodón

Der erste Teil des Spaziergangs führt durch die ›Straße der Dreifüße‹. Wer wissen will, warum sie so heißt, wendet sich an der **Kreuzung** 1 der Odós Kydathinéon/Odós Adrianoú zunächst einmal nach links in die Odós Adrianoú und geht sie etwa 150 m weit bis zu einem kleinen Platz. Da steht als tempelartiger Rundbau aus dem Jahr 334 v. Chr. das **Denkmal des Lysikrates** 2 aus Marmor vom Berg Pentéli. Das monolithische Dach krönt ein dreirankiges Gebilde, auf dem einst ein Dreifuß stand. Solche Dreifüße waren der Preis für den Choregen, also den ›Produzenten‹ und Geldgeber des Theaterstücks, das bei den jährlichen Athener Theaterwettbewerben den Sieg errang. Unter der heutigen Odós Tripodón fanden die Archäologen Fundamente mehrerer anderer Choregen-Denkmäler, daher ihr Name.

Nun geht es zur Kreuzung 1 zurück und in die Odós Tripodón hinein. Dort, wo die Odós Tripodón die Odós Epichármou kreuzt, liegen drei Lokale, die allesamt einen Besuch Wert sind. Im Mezedopolío **To Geráni (Scholarchío)** 1 wählt der Gast nach alter Sitte sein vielfältiges Essen von Tabletts aus, die der Kellner am Tisch präsentiert. Im **To Kafenío** 2 kann man seltene flüssige und feste Spezialitäten aus ganz Griechenland kennenlernen, im **Amalthía** 3 hat man sich auf süße griechische Köstlichkeiten spezialisiert.

Neben dem Mezedopolío steht etwas erhöht die kleine byzantinische Kirche **Agios Nikólaos Rangavás** 3 aus dem 11./12. Jh., die in sehr viel späterer Zeit einen zweigeschossigen Anbau an der Nordseite und im Süden eine Seitenkapelle erhielt.

Melína und Musik

Kurz darauf erinnert das **Café Melína** 4 mit zahlreichen Fotos an die Schauspielerin, Sängerin und zum Schluss auch Kultusministerin Melína Mercoúri (1920–1994), die manche Griechen als ›Letzte griechische Göttin‹ titulieren. Von Musik erfüllt ist die stufenreiche Gasse **Odós Mnisikléous** 4, der Sie nach links oben folgen sollten. Zu beiden Seiten reiht sich eine Taverne mit griechischer Livemusik an die andere. Im Sommer sitzt man draußen, im Winter drinnen. Folklore-Shows gehören zum Standardprogramm, am Ende dürfen auch Urlauber mittanzen. Alles wirkt sehr touristisch. Das war schon vor 50 Jahren so, ist in dieser Gasse Tradition. Und das Publikum besteht beileibe nicht nur aus Ausländern: Auch Griechen aus der Provinz verschlägt es hierher.

Aussichtsreich

Am oberen Ende der Treppengasse wenden Sie sich nach Passieren des Musiklokals Síssifos nach rechts, folgen dem leichten Straßenschwung nach links oben und biegen dann nach etwa 80 m links auf einen ansteigenden Fußweg ab. Er führt sie am Kirchlein **Ágios Simeónos** 5 aus dem 13./14. Jh. vorbei zu einem herrlichen Aussichtspunkt 10 fernab jeden Trubels. Hinter Ihnen ragt die Akropolis auf, vor Ihnen der von einem weißen Kapellchen gekrönte Fels des Lykavittós. Das Blickfeld reicht vom Tempel des Olympischen Zeus (S. 73) über das Parlamentsgebäude am Sýntagma-Platz (S. 28) und die Mitrópolis-Kathedrale (S. 30) bis zur Antiken Agorá (S. 45). In der Oster- und in der Silvesternacht lässt sich von hier aus das Feuerwerk am besten betrachten – jederzeit sitzt man hier gut bei einem mitgebrachten Gläschen Sekt oder Imbiss.

Übrigens: Die Pláka verwandelt sich an den letzten beiden Karnevalswochenenden in die Faschingshochburg der Stadt. Sie sollten dann nicht gerade ihre beste Kleidung tragen – und vielleicht einen Hut. Es ist dann nämlich üblich, Passanten mit Schaum einzusprayen und mit leichten Plastikhämmern auf den Kopf zu schlagen.

Anafiótika

Vom Aussichtspunkt führt eine nicht einmal 1 m breite Gasse hinunter ins stimmungsvollste Viertel der Pláka, **Anafiótika** 6. Bauern und Steinmetze von der winzigen Kykladeninsel Anáfi nahe Santorin ließen sich hier um 1830 nieder und machten sich ein Gesetz zu Nutze, dass das Errichten von Häusern auch ohne Baugenehmigung gestattete, wenn es schon am ersten Bautag ein Dach erhielt. Entsprechend klein sind die Häuschen an den engen Gassen. Man lässt sie stehen, weil unter ihnen mit Sicherheit viel Antikes verborgen ist – hier Neubauten zu errichten, wäre darum ohnehin nicht möglich. So darf Anafiótika mit seinem Blumenreichtum und seiner Katzenvielzahl weiterhin Inselatmosphäre direkt unterm Götterfelsen verströmen.

An der **Taverne Psarás** 5, dem besten Fischrestaurant in der Altstadt, sind Sie dann wieder in belebteren Gefilden und nach wenigen Schritten zurück auf der Odós Tripodón.

Fürs leibliche Wohl

To Geráni (Scholarchío) 1: Odós Tripodón 14, Pláka, Tel. 210 324 76 05, www.sholarhio.gr, tgl. 11–2 Uhr, Mezédes 3–6 € pro mittelgroßem Teller, 1 l offener Wein 6 €. Schon 1935 gegründetes Mezedopolío in einem ehemaligen Rektorat. Die Gäste sitzen auf der Terrasse vor dem Haus, auf zwei Etagen im Haus und – mit etwas Glück – auf zwei kleinen Balkonen mit Platz für jeweils einen Zweiertisch. Für Gruppen ab 4 Personen gibt es einen Pauschalpreis (10 verschiedene Mezédes plus 1 l Wein vom Fass plus Mineralwasser für 14 €/Person). Nachtisch wird allen Gästen kostenlos serviert.

To Kafenío 2: Odós Epichármou 1/Ecke Odós Tripódon, Pláka, Tel. 210 324 69 16, tgl. ab 12 Uhr, Mezédes 5,40–7,20 €, gemischte Mezédes-Platte für 2 Personen 14–20 €. Das kleine, etwas plüschig eingerichtete Lokal überzeugt im Winter mit einem offenen Kamin, im Sommer wird es mit Tischen auf der Straße erweitert. Spezialitäten des Hauses sind in Essig und Öl eingelegter Oktopus. Auf der Karte stehen auch andere Spezialitäten aus ganz Griechenland wie verschiedene Käsesorten. Zudem kann man selten offerierte griechische Spirituosen in kleinen Gläsern verkosten, so z. B. den Zimtlikör *tentúra* aus Patras oder *rakómelo*, einen Tresterschnaps mit Honig von den Inseln Lesbos und Chíos.

Amalthía 3: Odós Tripódon 16, Pláka, Mo–Do 10–1, Fr–So 10–2 Uhr, Jogurt mit Honig und Walnüssen ca. 4 €, Kuchen und Torten ca. 5,50 €. Ein insbesondere bei jüngeren Leuten beliebtes Café, das außer orientalischen Kuchen und griechischen Torten auch französische Crêpes serviert. Der Name des Cafés verspricht Gutes: In der Mythologie nährte eine Ziege gleichen Namens den neugeborenen Gott Zeus in einer Höhle auf Kreta.

Café Melína 4: Odós Lisíou 22, Pláka, tgl. 9–3 Uhr, Cocktails 9 €, Cola 3,30 €. Plüschiges, stets gut gefülltes Café. Zu dezenten griechischen Musik gibt es eine gute Auswahl an Flaschenweinen und dazu Käseplatten.

Psarás 5: Odós Erechtéos 16/Ecke Odós Erotókritou, Pláka Tel. 210 321 87 33, tgl. 12–1 Uhr, Hauptgerichte 8,50–30 €. Die älteste Fischtaverne der Pláka, schon 1898 gegründet. Plätze drinnen zwischen dem Natursteinmauerwerk und draußen unter schattigen Bäumen.

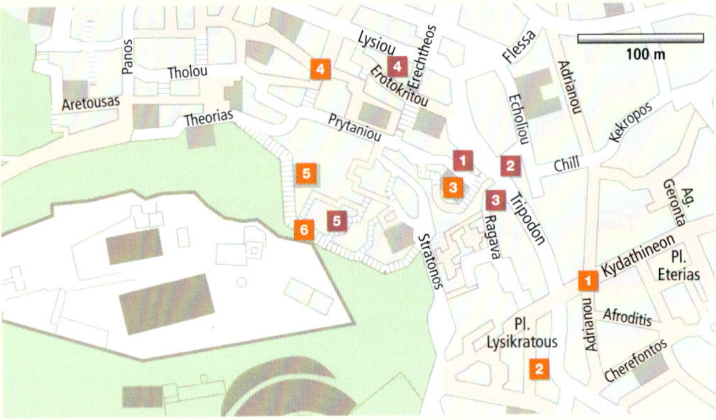

5 | Alles überragend – die Akropolis

Karte: ► Karte 3, B–C 7 | **Anfahrt:** Metro: Monastiráki oder Akrópoli

Das 156 m hohe Kalksteinplateau der Akrópolis ist der historische Kern der Stadt und mit seinen drei Tempeln und dem Torbau der Propyläen die größte historische und kunstgeschichtliche Sehenswürdigkeit Athens.

Etwas Geschichte

Schon im 13. Jh. v. Chr. ließen mykenische Herrscher auf dem Felsplateau einen Palast errichten, der von einer Mauer umgeben war. In nachmykenischer Zeit entwickelte sich daraus ein Heiligtum. Ein erster Steintempel entstand jedoch erst im 6. Jh. v. Chr. Als die Perser 480 v. Chr. Athen einnahmen, zerstörten sie alle Bauten auf der Akropolis. Dieser ›Perserschutt‹ diente später zur Erweiterung des Felsplateaus. Dazu gehören auch die großen Säulentrommeln, die, von der Pláka aus gut erkennbar, in die nördliche Stützmauer der Akropolis eingefügt sind.

Nach dem endgültigen Sieg der Griechen über die Perser 479 v. Chr. stieg Athen zur Vormacht im ägäischen Raum auf. Die Inseln wurden in den Attisch-Delischen Seebund gezwungen, an dessen Bundeskasse sie erhebliche Tribute zu entrichten hatten. Einen Teil davon nutzten die Athener zum Bau der neuen Akropolis. In nur etwa 60 Jahren, zwischen 467 und 404 v. Chr., wurden die Bauten geschaffen, die heute so bewundert werden. Ebenso bedeutend wie als Kunstwerk ist die Akropolis aber auf einer anderen Ebene: Alle freien Bürger Athens hatten bei der Bauplanung und bei der Haushaltsführung Mitsprache- und Kontrollrechte. Die Akropolis ist das erste große Bauwerk der Menschheitsgeschichte, das ein demokratischer Staat errichtete.

In der Antike entstanden auf der Akropolis noch andere Bauten und vor allem in römischer Zeit auch zahlreiche Denkmäler für Staatsmänner und Kaiser. Als das Christentum Ende des 4. Jh. Staatsreligion war, wandelte man den großen Zeus-Tempel (Parthenon) in eine Marienkirche um. Im Mittelalter residierten die Athener Bischöfe und die fränkischen Kreuzritter-Herzöge auf der Akropolis. In türkischer Zeit wurde der Parthenon zum Munitionslager, zwischen den antiken Bauten errichtete man Wohnhäuser und Ställe, Moscheen und Bäder. 1687 sprengte eine von einem Lüneburger Offizier im Dienste Venedigs abgeschossene Kanonenkugel den Parthenon in die Luft.

Übrigens: Die deutschen Besatzer Athens im Zweiten Weltkrieg verunstalteten die Akropolis durch eine monströse Hakenkreuzflagge, die auf der heutigen Aussichtsbastion im Nordosten des Felsplateaus gehisst war. In einer wagemutigen nächtlichen Aktion gelang es zwei erst 18-jährigen Griechen am 30. Mai 1941 in einer nächtlichen Aktion, die Flagge zu stehlen. Sie wurden zu Nationalhelden.

Als Athen 1834 zur griechischen Hauptstadt wurde, erklärte König Otto die Akropolis zur schutzwürdigen archäologischen Stätte. Alle osmanischen und mittelalterlichen Bauten wurden abgerissen. Aus dem in Jahrtausenden gewachsenen Bauensemble wurde ein musealer Bezirk, dessen Gestaltung an den romantischen Vorstellungen des 19. Jh. von der klassischen Antike orientiert war. Von nun war die Akropolis für die Griechen ein nationales Symbol ihrer einstigen Größe. Seit 1975 ist die Akropolis wieder eine Baustelle, die antike Bausubstanz wird saniert und teilweise auch rekonstruiert. Erst 2020 werden die Arbeiten abgeschlossen sein – wenn Zeus will.

Die Propyläen

Sie betreten die Akropolis wie einst die Menschen der Antike über eine breite Freitreppe mit einer Rampe in der Mitte für die zum Opfer bestimmten Tiere. Die Treppe endete im monumentalen Torbau der Propyläen. Er war in Hellas in seiner Größe beispiellos und sollte dem Besucher gleich beim Eintritt die Macht Athens deutlich spüren lassen. Je sechs dorische Säulen bildeten vorn und hinten die Schaufront, innen stützten sechs ionische Säulen die marmorne Kassettendecke. Sie war einst fein bemalt, spannte sich wohl wie ein himmlischer Baldachin über die Eintretenden. Im nördlichen Seitentrakt standen an den Wänden 17 Liegen, die Wände waren mit Wandgemälden geschmückt, u. a. zum Trojanischen Krieg.

Der Nike-Tempel

Der kleinste der drei Akropolis-Tempel, der zierliche Nike-Tempel, erhebt sich auf einer Felszunge direkt neben den Propyläen. Seine Marmorblöcke wurden im vergangenen Jahrzehnt von Grund auf restauriert und gegen Umweltgifte geschützt, bevor er mit Ergänzungen originalgetreu wieder aufgebaut werden konnte. Er war der antiken Siegesgöttin Nike geweiht, die im Kampf gegen die Invasion der Perser auf Seiten der Griechen gestanden hatte.

Das Erechteion

Das mehreren Göttern geweihte Erechteion besitzt eine Vorhalle, deren Dach von den berühmten Karyatiden getragen wird, Statuen junger Mädchen. Hier sieht man nur Kopien, die Originale stehen im Akropolis-Museum (und im British Museum in London). Das Erechteion wirkt kaum wie ein Tempel, eher wie ein kleiner Palast. Er besteht aus mehreren, miteinander verbundenen Räumen und einem ummauerten Vorhof.

Hier wurden 13 Götter und Heroen zugleich verehrt, darunter Zeus, Hermes und Hephaistos Athena und Poseidon. Im Hof stand ein Ölbaum, der wohl als der Baum galt, den Athena im mythischen Wettstreit mit Poseidon um die Herrschaft über Athena und Attika der Stadt zum Geschenk machte. Athenas alte hölzerne Statue aus der Zeit vor den Perserkriegen war denn auch das bedeutendste Bildnis im Erechteion.

Der Párthenon

Der prachtvollste Tempel ist der Parthenon, in dem eine 12 m hohe Statue der Stadtgöttin Athena aus Gold und Elfenbein stand. Die Baumeister haben es geschafft, der optischen Täuschung so perfekt entgegenzuarbeiten, dass all seine Linien in der Waagerechten und Senkrechten für das menschliche Auge gerade wirken, weil sie in Wirklichkeit gekrümmt sind. So ist der Unterbau zwischen den Ecken und den jeweiligen Mitten um 12 cm nach oben gewölbt.

Die gleiche Krümmung weisen parallel dazu auch Dachgebälk und Giebel auf. Wer sich die Muße dazu nimmt, kann das am Verlauf der obersten Treppenstufe des Unterbaus bis heute leicht mit bloßem Auge erkennen.Wegen dieser Krümmung musste jeder einzelne Steinblock maßgenau für die ihm bestimmte Stelle im Bau gefertigt werden. Um die Unterschiedlichkeit der Steinblöcke fürs Auge nicht sichtbar werden zu lassen, waren die Stoßfugen zwischen ihnen dennoch genau waage- und senkrecht – auch das wieder millimetergenaue Feinarbeit.

Außerdem waren die Säulen noch um 7–10 cm nach innen, die Wände der Cella, also des ummauerten Innenraums des Tempels, teils nach innen, teils nach außen geneigt. Auch damit wurde bewirkt, dass der monumentale Tempel nicht steif und schematisch, sondern lebendig wirkt.

Ein einzigartiges Meisterwerk waren auch die beiden Friese, die den Parthenon-Tempel unterhalb des Daches in voller Länge umzogen. Der äußere Fries zeigte auf 92 Bildfeldern im Relief Kampfszenen, der innere Fries auf 160 m Länge äußerst lebendig gestalte Szenen einer Prozession, die auf Betrachter wie ein Film gewirkt haben müssen. Diese Friese sind heute im obersten Geschoss des Akropolis-Museums (s. S. 42) zu sehen.

Besichtigung

Eingang nur auf der Westseite, Tel. 210 92 38 175, April–Okt. tgl. mindestens 8–18, Nov.–März tgl. mindestens 8.30–15 Uhr, Eintritt 12 €. Das Ticket gilt auch für sechs andere archäologische Stätten und zwei Museen. Geschlossen am 1.1., 25.3., Ostersonntag, 1.5., 25./26.12., nur bis 15 Uhr geöffnet am Ostermontag, Pfingstmontag und 28.10., Karfreitag erst ab 12 Uhr geöffnet.

Tipp

Wer die Akropolis gleich nach Kassenöffnung betritt, vermeidet die Besuchermengen, vor allem von den Piräus anlaufenden Kreuzfahrtenschiffen.

Ge- und Verbote: Rucksäcke dürfen nicht mit aufs Gelände, der Verzehr von Lebensmitteln ist ebenso verboten wie lautes Rufen. Vorgeschriebene Wegführungen dürfen nicht verlassen werden. Trinkwasser ist nicht erhältlich, Wasserflaschen dürfen mitgebracht werden.

Eine besondere Nacht

Alljährlich im August ist die Akropolis in der Vollmondnacht für Besucher bis Mitternacht geöffnet!

6 | Uraltes hochmodern – das neue Akropolis-Museum

Karte: ▶ C 8 | **Anfahrt:** Metro: Akropoli

Das Akropolis-Museum ist einer der aufregendsten und faszinierendsten Museumsbauten des frühen 21. Jh. – ein Meisterwerk der Architektur, das den darin gezeigten Kunstschätzen ebenbürtig ist.

Der Aufstieg als Einstieg

Schon auf dem Vorhof des Museums gestatten Panzerglasplatten den Blick auf die Ausgrabungen eines antiken Stadtbezirks, der beim Ausheben der Baugrube fürs Museum freigelegt wurde. Ihretwegen steht der gesamte Museumsbau auf Pfeilern. So hat der Besucher auch im großzügigen Foyer des Museums immer wieder einen Blick auf seine ›Unterwelt‹. Das Prinzip wird auch auf der breiten, langen Rampe weiter verfolgt, die ins erste Obergeschoss hinauf leitet. Sie soll das Gefühl vermitteln, auf den Götterfels hinauf zu steigen, der den Pilger am oberen Rampenende mit einem monumentalen archaischen Tempelgiebel empfängt.

Zu beiden Seiten der Rampe sind sinnigerweise Funde ausgestellt, die Archäologen am Hang der Akropolis gemacht haben. Im unteren rechten Rampenbereich gibt eine Glasplatte den Blick auf eine antike Grundsteinlegung frei: in ein kleines Loch im Baugrund legte man in eine Schale die Knöchlein geopferter Tiere und dazu ein paar kleine Gefäße, die wohl andere Opfergaben an die Götter enthielten.

Schön sind auch die vier Weihegaben in einer freistehenden Pfeilervitrine weiter oben links: Wie Votivtäfelchen in heutigen Kirchen zeigen sie Körperteile – Auge, Ohr, Bein und weibliche Brust –, um deren Genesung Gläubige den Heilgott Äskulap gebeten hatten.

Im Säulenwald

Die Sammlungen im ersten Obergeschoss sind fünffach gegliedert. Zunächst begegnet der Besucher Werken aus der Archaik, also aus der Zeit vor der Zerstörung der alten Akropolis durch die Perser im Jahr 480 v. Chr. Danach geht es Bauwerk für Bauwerk weiter: zunächst zum Erechteion, dann zu den Propyläen und zum Nike-Tempel. Am Schluss steht eine Sammlung etwas weniger bedeutender Objekte aus den 1000 Jahren zwischen 500 v. Chr. und 500 n. Chr. Immer wieder verdeutlichen maßstabsgetreue Modelle der Bauten ihr einstiges Aussehen.

Die ausgestellten archaischen Giebel sprechen für einen in Griechenland leider viel zu seltenen Mut der Archäologen: Um ihr einstiges Aussehen auch für den Laien verständlicher zu machen, hat man Teile der Bauglieder und manchmal sogar der Skulpturen ergänzt. Zugleich hat man vor allem in der ersten Hälfte des Rundgangs durch dieses Geschoss das Gefühl, auf dem Tempelberg selbst zu sein: Die Skulpturen sind hier nicht wie so oft in Reih und Glied an Wänden entlang aufgestellt, sondern stehen zumeist frei und von allen Seiten aus zugänglich im Raum zwischen einer Vielzahl metallglänzender Säulen.

Schöne Mädchen

Am Ende des Säulenwalds stehen endlich einmal einige wenige Sitzgelegenheiten. Von dort lohnt sich ein Blick zurück. Danach geht es über eine kurze Rampe hinauf zu den **Koren vom Erechteion.** Diese Mädchenfiguren trugen einst das Dach einer Vorhalle jenes Vielgötter-Tempels (s. S. 40). Heute blicken sie hinüber zu jenem archaischen Giebel, der am Anfang des Gangs durchs erste Obergeschoss stand. Durch die unmittelbare Frontation beider Werke – Koren hier und archaische Untiere und Helden dort – wird der Entwicklungssprung deutlich, den die Menschen und ihre Kunst in den Jahren um 500 v. Chr. gemacht haben: Durch den Sieg über die Perser und die Entwicklung der demokratischen Staatsform haben sie sich von menschlichen Urängsten vor der wilden Natur und den Dämonen befreit, haben ihre eigene Kraft erkannt. Darum dürfen die jungen Damen hier auch wirklich wie schöne Frauen aussehen.

Kulinarische Köstlichkeiten

Jetzt ist erst einmal Zeit für eine ausgiebige Pause. Von der Terrasse der **Kafetéria** im zweiten Obergeschoss blickt man nicht nur direkt auf die Akropolis, sondern auch aufs grüne Athen vom Philopáppos-Hügel über den Lykavittós bis zum 1400 m hohen Hymettós. Die Karte lädt zu einer kulinarischen Rundreise durch Griechenland ein. Lecker das Mehrkorn-Sandwich mit Salami von der Insel Léfkas und kretischem Gruyère-Käse, ebenso schmackhaft der leicht geräucherte Käse *kopanistí* aus Mykonos mit Melone (je 3 €). Das Rezept für das Platterbsenpüree *fáva* mit Kapernzweigen stammt von Santorin (6,50 €), den sauer eingelegten Oktopus mit Thymian (6,50 €) schätzt man ebenso im ganzen Land wie die Kaltschale mit Gurke, Yoghurt und Minze (4 €). Kaum anderswo zu haben ist die Kirschlimonade *vissináda*, eine Spezialität ist das Bio-Bier aus Piräus. Auch regionale Spirituosen wie den Zimtlikör *tentoúra* aus Patras oder *mastícha* aus Chios (je 4 €) kann man verkosten.

Übrigens: Beim Rundgang durch das Museum kommen auch die Geschmacksnerven nicht zu kurz, denn die Museumsgastronomie zaubert seltene Leckereien aus ganz Hellas auf die Tische mit Akropolis-Blick.

Der Mut wird belohnt

Eine Treppe führt hinauf ins dritte Obergeschoss. Jetzt führt kein Weg mehr an den Panzerglasplatten vorbei. Wer weiter will, muss auf ihnen hoch über dem Erdgeschoss und den darunter liegenden Ausgrabungen entlanggehen. Wer nicht schwindelfrei ist, blickt besser nicht nach unten. Aber der Mut wird belohnt. Auf der anderen Seite der Glasplatten informieren kurze Filme auf Griechisch mit englischen Untertiteln über das, was in dieser Etage zu sehen ist: die beiden Relieffriese, die den Parthenon-Tempel unterhalb des Dachgebälks vollständig umliefen. Um sie zu präsentieren, wurde hier der entsprechende Teil des Tempels in seiner Originalbreite und -länge nachgebaut. Die einzelnen Teile der Friese sind in der ursprünglich Position angeordnet. Die Teile, die heute im Besitz des Britischen Museums sind (die sog. Elgin Marbles, die Griechenland energisch zurückfordert) und die wenigen Bruchstücke, die der Louvre besitzt, sind durch hellere Kopien ersetzt. Wo Lücken sind, wurden die Originale bereits im Mittelalter oder im 17. Jh. bei der Explosion im Parthenon zerstört.

Das gesamte Obergeschoss ist vollständig verglast. So kann der Besucher immer wieder seinen Blick von den Friesen hinauf zum Parthenon schweifen lassen, wo sie ursprünglich angebracht waren. Und zugleich sieht er sie in dem gleichen attischen Licht, in dem auch die Tempelgänger der Antike sie sahen.

Die beiden Friese sind deutlich unterschiedlich. Der eine besteht aus 92 Reliefplatten (sog. Metopen), die ursprünglich durch je drei steinerne Stäbe voneinander getrennt waren. Sie zeigten mythische Kämpfe, die den Sieg der Athener über die Perser widerspiegeln sollten. Der andere Fries erzählt von einem großen Festzug zu Ehren der Göttin Athena. Ihn genau zu betrachten ist äußerst amüsant. Da sieht man z. B. auf der Nordseite die Szenen NII 3–6, in denen sich ein Stier weigert, den Weg zum Opferaltar weiter zu gehen, oder in NVI 16–19 vier Jünglinge mit Wassergefäßen: drei tragen es brav auf der Schulter, ein vierter hat es gerade einmal abgesetzt.

Infos

Information: Odós Dionisíou Areopagítou 15, Tel. 210 900 09 00, www.theacropolismuseum.gr.
Öffnungszeiten: Di–So 8–20 Uhr, Eintritt 5 €. Reservierung eines Tickets via Internet möglich. Geschlossen montags sowie am 1. Jan., 25. März, Ostersonntag, 1. Mai, 25./26. Dezember.
Führungen: Mi und Do um 16.15, 17.15 und 18.15 Uhr. Kurzführungen auf Englisch durch Archäologen zu ausgewählten Themenbereichen. Höchstteilnehmerzahl 20 Personen, Anmeldung am jeweiligen Tag ab 15 Uhr an der Museumskasse. Die Bereitstellung von Audio-Führern ist geplant, angesichts der Finanzkrise des Landes aber wohl nicht sehr bald zu erwarten.
Fachpersonal: Zwischen 9.30 und 17 Uhr stehen in den Galerien Archäologen zur Beantwortung von Fragen bereit. Sie tragen rot-weiße Ansteckschildchen.
Kafetéria: Geöffnet während der Museumsöffnungszeiten, Zugang eventuell via Fahrstuhl links der Eingangsschranken auch ohne Entrichtung des Eintrittsgeldes möglich.
Museums-Shop: Kleinerer Shop im Eingangsbereich im Erdgeschoss, Hauptgeschäft neben der Kafetéria. Große Auswahl an Artikeln mit Museumsbezug, viele Bücher.

7 | Durch die Antike flanieren – der Archäologische Boulevard

Karte: ▶ C 7–A 5 | **Anfahrt:** Metro: Akropoli (Start), Kerameikos (Ziel)

Der Archäologische Boulevard, der das Dionysos-Theater und das Akropolis-Museum mit dem Kerameikos verbindet, hat Athen kurz nach der Jahrtausendwende einen ganz wesentlichen neuen Gesichtszug geschenkt. Wo früher vierspurig die Autos rollten, kann der archäologische Wanderer heute sich ungestört einigen der bedeutendsten Stätten Griechenlands hingeben.

Geburtsstätte des Theaters

Das **Dionysos-Theater** 1 am Fuß des Akropolis-Felsens gleich gegenüber vom Akropolis-Museum gilt als Geburtsstätte des europäischen Theaters. Hier wurden im 5. Jh. v. Chr. die Tragödien der drei großen Dramatiker Aischylos, Sophokles und Euripides sowie die Komödien des Aristophanes uraufgeführt. Bis 330 v. Chr. saß man dabei noch auf Holzbänken. Steinerne Sitzreihen erhielt das Theater bei einem Umbau 330 v. Chr. Dabei wurden auch die Marmorsitze mit Rückenlehnen aufgestellt, die Würdenträgern vorbehalten waren. Die Reliefs an der Vorderbühne, die u. a. die Geburt des Theatergottes Dionysos darstellen, wurden erst unter dem römischen Kaiser Nero geschaffen.

Odeon des Herodes Atticus

Das Odeon des Herodes Atticus 2 aus dem Jahr 161 n. Chr. unmittelbar unterhalb der Akropolis ist mitsamt seinem 28 m hohen Bühnengebäude so gut erhalten, dass hier im Sommer Theatervorstellungen und Konzerte im Rahmen des Athener Festivals (S. 18) stattfinden können. Auf seinen 32 Rängen finden 5000 Zuschauer Platz.

Antike Agorá

Die antike Agorá 3 war vor 1800 bis 2500 Jahren nicht nur der größte Marktplatz Athens, sondern auch Standort öffentlicher Verwaltungsgebäude und verschiedener Heiligtümer. Heute dominieren zwei Gebäude den Anblick des parkartigen Geländes. Der eine Bau ist der auch ›Theseion‹ (Thisío) genannte **Hephaistos-Tempel** aus dem 5. Jh. v. Chr. Er ist der besterhaltene Tempel Griechenlands. Der Grund: Vom 7. Jh. bis 1834 diente er als Kirche, danach als erstes Archäologisches Museum Athens. So entging er immer dem Abriss. Alle seine 34 dorischen Säulen stehen aufrecht. Sie tragen auch noch ein vollständig erhaltenes Gebälk und den größten Teil des Daches.

Agorá-Museum

Der zweite Bau ist die Stoa des Attalos, die amerikanische Archäologen 1955 rekonstruierten. Heute ist dort das Agorá-Museum 4 untergebracht. Die 116 m lange und 20 m breite zweigeschossige Säulenhalle beherbergte ursprünglich eine Ladenreihe, vor der man im Schatten des breiten Säulengangs einherwandeln, philosophieren, diskutieren und Handel treiben konnte. Der Originalbau entstand um 150 v. Chr. und wurde 267 n. Chr. zerstört, als die germanischen Heruler Athen plünderten.

Das Museum birgt überwiegend Funde von der antiken Agorá. Darunter sind auch einige Objekte mit Bezug zum antiken Alltag und zum politischen Leben im Altertum. So sieht man Tonscherben, in die Namen eingeritzt sind, darunter auch der des Themistokles. Sie stammen vom ›Scherbengericht‹ (gr. Ostrakismós), das gegen Ende des 6. Jh. v. Chr. eingeführt und ein knappes Jahrhundert später wieder abgeschafft wurde. Mit diesem Verfahren konnte durch Mehrheitsbeschluss der Bürger alljährlich ein missliebiger Politiker in die Verbannung geschickt werden. Die Namen wurden in Tonscherben eingeritzt, der am häufigsten Genannte musste die Stadt für ein Jahr verlassen.

Kerameikós

Deutsche Archäologen erforschten seit 1913 das antike Stadtviertel Keramikós 5 im Westen der Pláka. Die Ausgrabungen bilden ein romantisches Parkidyll. Hier standen seit 478 v. Chr. die beiden bedeutendsten Stadttore des antiken Athen, das Dípylon und das Heilige Tor. Bei Letzterem begann die Prozessionsstraße zum Demeter-Heiligtum in Elefsína. Am Dípylon, dem größten Torbau der griechischen Antike, nahm der prächtige Panathenäische Festzug seinen Anfang, der alle vier Jahre über die Agorá zur Akropolis hinaufzog. Vor den Toren lag ein ausgedehnter Staatsfriedhof, der bedeutenden Bürgern, den im Kampf Gefallenen und Gesandten fremder Stadtstaaten vorbehalten war. Die Originale der prächtigen Grabdenkmäler befinden sich heute größtenteils im Archäologischen Nationalmuseum. Am Fundort sind Kopien aufgestellt.

Öffnungszeiten

Diónysos-Theater 1: Tel. 210 322 46 25, März–Okt. tgl. 8–18, Nov.–Feb. tgl. 8 Uhr bis Sonnenuntergang, Eintritt 2 € oder mit Kombi-Ticket.

Agorá 3: Tel. 210 321 01 85, März–Okt. tgl. 8–18 (Museum erst ab 11 Uhr), Nov.–Feb. 8.30–15 Uhr, Eintritt 4 € oder mit Kombi-Ticket.

Kerameikos 5: Tel. 210 346 35 52, April–Okt. tgl. 8–19.30, Nov.–März tgl. 8.30–15 Uhr, Eintritt 2 € oder mit Kombi-Ticket.

Am Wegesrand

Lalaoúnis-Museum 6: Odós Kallispéri 12, Odós Karyatídon, Makrygiánni, www.lalaounis-jewelrymuseum.gr, Mo,

Do–Sa 9–16, Mi 9–21, So 11–16 Uhr, Eintritt 3 €, freier Eintritt Mi 15–21 und Sa 9–11 Uhr. Ilias Lalaounis, der erfolgreichste Juwelier Griechenlands hat sich mit diesem Museum ein Denkmal gesetzt. Es zeigt 3000 seiner schönsten Stücke.

Synagogen: Odós Melidóni 5 und 8, keine Innenbesichtigung. Die beiden ältesten Synagogen Athens stehen sich unmittelbar gegenüber. Die **Beth-Salon-Synagoge** 7 (Nr. 5) wurde 1935 von romaniotischen, schon seit dem Altertum in Griechenland ansässigen Juden errichtet, die **Etz-Hayyim-Synagoge** 8 (Nr. 8) 1904 von sephardischen Juden, die der osmanische Sultan um 1500 aus Spanien in sein Reich geholt hatte. 2010 schuf Athen hier als letzte europäische Hauptstadt auch ein Holocaust-Denkmal in der Form eines zerbrochenen Davidsterns.

Islamisches Museum 9: Odós Ag. Asómaton/Ecke Odós Dípilou 12, Tel. 210 322 55 50, www.benaki.gr, Di–So 9–15 Uhr (Mi bis 21 Uhr), Eintritt 6 €. Das 2004 eröffnete Museum zeigt islamische Kunst aus verschiedenen Ländern, u. a. Teile eines Prunksalons des 17. Jh. aus Kairo. Im Untergeschoss sind Reste der antiken Athener Stadtmauer zu sehen.

Kretische Pause

Taverne Vrachákia 1: Odós Apóstolou Pávlou 24, tgl. ab 11 Uhr, Hauptgerichte ab 8 €. Wirt Thémis ist Kreter, kocht kretisch. Öl und Käse stammen aus seiner Heimat, der Grill ist sein bevorzugter Arbeitsplatz.

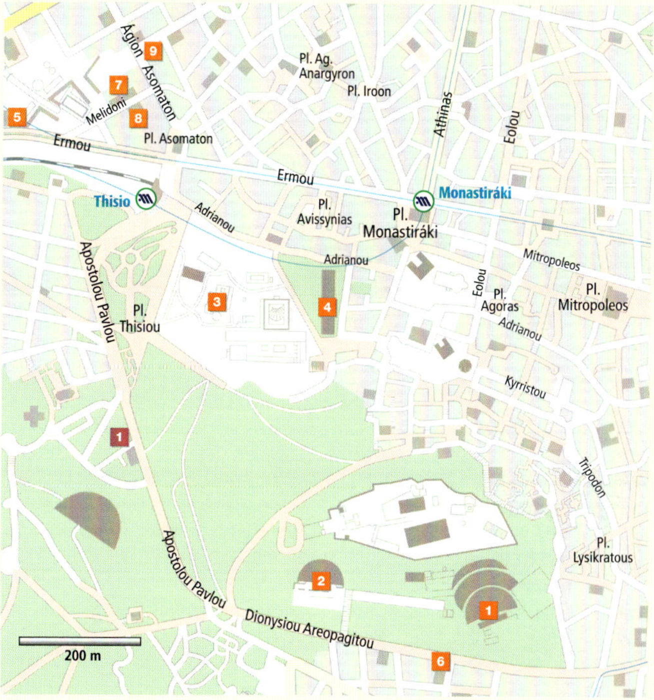

8 | Grünes Athen – Spaziergang über Philopáppos und Areopag

Karte: ▶ A 5–B 7 | **Anfahrt:** Metro: Thisío (Start), Akrópoli (Ziel)

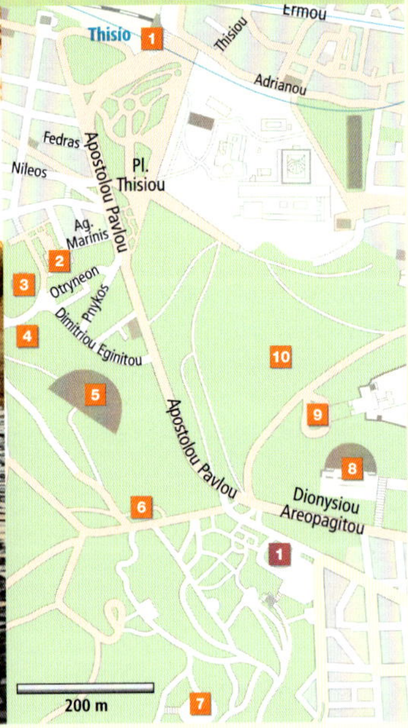

Auf diesem beschaulichen Spaziergang lernen Sie Athen von einer ungewöhnlichen Seite kennen. Sie erleben die Akropolis aus verschiedensten Blickwinkeln, bewegen sich abseits jeglichen Autoverkehrs, sehen immer wieder die Berge und das Meer.

Auf den Nymphenhügel

An der **Metrostation Thisío** 1 überqueren Sie die Brücke über die Gleise und folgen der Fußgängerpromenade an einem Park und Straßencafés entlang, bis nach etwa 350 m rechter Hand das Café ›Thisson Affair‹ auftaucht. Unmittelbar dahinter biegen Sie in die Odós Agías Marínis ein, die zur Kirche **Agía Marína** 2 führt. Ihre Türen sind vormittags meist für Besucher geöffnet.

Auf der Westseite der Kirche beginnt ein gepflasterter Weg, der Sie zum verschlossenen Tor der **Sternwarte** 3 auf dem Nymphenhügel hinaufbringt, die um 1850 als Stiftung des griechischen Konsuls in Wien, Freiherr Georg von Sina, errichtet wurde. Hinten links, am Vorplatzende, beginnen ein paar Stufen, die Sie erklimmen. 30 m weiter können Sie linker Hand ein Tor öffnen, durch das sie zu einem ganz nahen Rundbau mit weißer Kuppel gelangen, der für das Teleskop der **Sternwarte** 4 errichtet wurde. Von hier aus genießen Sie einen großartigen Blick auf die Propyläen der Akropolis. Bitte schließen Sie das Tor wieder, damit keine streunenden Hunde auf das Gelände gelangen!

Pnyx

Bleiben Sie auf dieser Seite des Hangs, kommen Sie nach etwa 100 m zur **Pnyx** 5, der Stätte der antiken Athener Volksversammlungen. Hier debattierten die freien Bürger der Stadt seit dem 6. Jh. v. Chr. im Angesicht ihres heiligen Felsens. Die ehemalige Rednertribüne ist noch klar zu erkennen. Ein Weg führt sie dann von der Südseite der Pnyx in eine Einkerbung des Hügelzugs hinunter, wo die für Familienfeiern wie Taufen und Hochzeiten sehr beliebte Kirche **Ágios Dimítrios Loumbardiáris** 6 steht.

Philopáppos

Auf der anderen Seite des nur selten von Autos befahrenen Wegs entdecken Sie ein verstecktes Schild, das auf einen stufenreicher Waldweg auf den Philopáppos-Hügel zeigt. Verzweigungen laufen später wieder zusammen, alle Varianten führen zum Ziel. Jetzt haben Sie erstmals auch einen schönen Blick nach Süden über die Halbinsel Piräus zu den Inseln Sálamis und Égina sowie bei klarer Sicht bis zu den Bergen des Peloponnes. Reizvoll ist dieser Anblick im Winter, wenn die hohen Berge schneebedeckt sind und davor an schönen Tagen Segelyachten im Saronischen Golf kreuzen. Vom **Philopáppos-Denkmal** 7 schauen Sie dann auch auf den über 1000 m hohen Iméttos, die Akropolis und den markanten Fels des Lykavittós. Das monumentale Denkmal auf dem 147 m hohen Musenhügel erinnert an einen syrischen Prinzen, der als Wohltäter Athens bekannt wurde und im Jahr 109 als erster Athener Bürger in Rom zum Konsul gewählt wurde.

Zum Areopag

Vom Denkmal führen verschiedene Waldwege hinunter zum Odeon des **Herodes Atticus** 8 (s. S. 18). Eine Fußgängern und Fahrzeugen mit Sondererlaubnis vorbehaltene, gepflasterte Straße steigt links vom Odeon zum Platz unterm Eingang zur **Akropolis** 9 (s. S. 39) an.

Geht man sie über den Platz hinweg bis zur nächsten Kurve, führen links eine kurze Treppe sowie ausgewaschene Stufen im Fels auf den Felsen des **Areopag** 10 hinauf, von dem sich wiederum ein neuer Blick auf die Akropolis und übers Häusermeer Athens bis hin zum Saronischen Golf bietet. Der 115 m hohe Areopag war im Altertum der Tagungsort des höchsten Athener Gerichts, des Areopagos, das unter freiem Himmel im Angesicht des nahen Götterfelsens Akropolis abgehalten wurde. Eine Gedenktafel am Fuß des Felsens erinnert daran, dass hier der Legende nach der Apostel Paulus im Jahre 50 eine Predigt ›Über den Unbekannten Gott‹ gehalten habe. Danach bekannte sich einer der Richter des Areopag zum Christentum und ließ sich von Paulus taufen. Als Dionysios Areopagites und erster Bischof Athens ging er in die Kirchengeschichte ein.

Rast zwischendurch

In der Senke zwischen Pnyx und Philopáppos gilt das **Diónysos-Zonar** 1 als eins der besten Cafés und Restaurants der Innenstadt. Man blickt auf Odeon und Akropolis, zum doppelten griechischen Kaffee wird als Dreingabe ein Stückchen Kuchen serviert (3,50 €).

9 | Junges Athen – Thisío und Gázi

Karte: ▶ A 5 bis A 0 | **Anfahrt:** Metro: Metro: Thisío (Start), Botániko (Ziel)

Die Athener sitzen nicht gern zu Hause. Früher traf man sich vorm Haus auf der Straße mit den Nachbarn und schwatzte oft stundenlang. Das Athen von heute hat dieses Flair teilweise verloren. Die Jugend verbringt den Tag lieber im Café und die Nacht in der Bar oder im Club. Das Ergebnis sind viele ›Ausgeh-Meilen‹, die man tags wie nachts gleichermaßen erkunden kann.

Die Ausgehviertel Thisío (Thissío) und Gázi ziehen alle Altersgruppen an: 14- bis 15- Jährige und Studenten ebenso wie Künstler, Touristen, griechische TV-Stars und ganze Familien. Auf gepflegtes Äußeres wird in Griechenland fast immer geachtet. ›Verpflichtend‹ ist es hier dennoch nicht. Die meisten jungen Athener genießen die Freiheit, sich so zu kleiden, wie sie gerade lustig sind. Breit ausfallende Skater-Hosen sind in Thisío genauso zu sehen wie Rasta-Haare, rote High-Heels und schicke Abendkleider. In diesem seit der Antike bekannten Viertel kann man übrigens gut sehen, wie die Antike mit der Moderne verschmolzen ist: Die auf einem Felsen gelegene Akropolis tritt immer wieder unerwartet – etwa beim Durchblick durch eine Gasse – ins Blickfeld.

Odós Ilía Poulopoúlou

Wenn Sie den Rundgang in Thisío beginnen, sehen Sie schon vom Ausgang der Metro-Station gleichen Namens aus die Akropolis und die Antike Agorá. Gehen Sie die Fußgängerzone Ilia Poulopoúlou 1 hinauf, steht links von Ihnen der antike Hephaistos-Tempel am Rande der Agorá. In der Fußgängerzone bieten viele Künstler und Schmuckhersteller den ganzen Tag über bis spät in die Nacht hinein ihre Produkte zu meist recht erschwinglichen Preisen an. Hier sitzt die alternative Szene der Stadt schon gern mal auf dem Rasen, rechts von der Fußgängerzone, und genießt die Abendluft. Für Kinder gibt es, vor allem im Sommer, Zuckerwatte, gegrillte Maiskolben und Luftballons, die von Straßenhändlern angeboten werden.

Odós Apostólou Pávlou

Die Fußgängerzone Ilia Poulopoúlou vereint sich schnell mit der Fußgängerzone Apostólou Pávlou 2, die bis 2001 eine der zentralen und besonders stark befahrenen Straßen Athens war. An der Ecke Herakleidón-Straße liegen hier mehrere etwas teurere Cafés. Eine Verschnaufpause in einem der Cafés lohnt sich aber wegen des Blicks auf die Akropolis. Nur etwas Geduld muss man mitbringen, denn der Service ist im Normalfall recht langsam.

Odós Iraklidón

Die Herakleidón-Straße 3 abwärts laufend treffen Sie auf Straßenbahnschienen. Athens erste Straßenbahn wurde 1882 eingeweiht und hat u. a. das Zentrum mit den Stadtteilen Patíssia und Keramikós verbunden. Die Bahnen wurden damals noch von Pferden gezogen.

Auf der linken und rechten Seite sind vor allem Cafés angesiedelt , die überwiegend die Altersgruppe um die 17 anziehen. Nette junge Männer, die sogenannten ›Kráchtes‹, sprechen die Vorbeigehenden an, damit sie sich in eins dieser Cafés setzen. Mitteleuropäer finden das oft ätzend, für Griechen ist es völlig normal.

Wer sich umschaut, merkt schnell, dass kaum jemand alleine sitzt. Die Griechen gehen am liebsten mit ihrer ›Paréa‹, also mit ihrem Freundeskreis, aus. Auch viele Pärchen lassen es sich hier gut gehen. Wenn zwei ›Parées‹ über ähnliche Themen sprechen, kommen sie schnell ins Gespräch und aus zwei Tischen wird dann einfach ein großer Tisch. In dieser Straße ist der Trubel meist sehr groß, und man merkt auch, dass die Griechen es lieben, laut zu reden. Diese Café-Bars sind tags und nachts gleichermaßen voll. Die Großstadtjugend hat sich auch durch die Finanzkrise im Jahr 2010 kaum beeindrucken lassen – die meisten Cafés und Bars waren auf dem Höhepunkt der Krise weiterhin gut besucht.

Der Eindruck, dass die Griechen besonders viel Geld beim Ausgehen ausgeben, kann aber täuschen. In Griechenland ist es nämlich üblich, sich stundenlang im Café aufzuhalten und dabei nur ein einziges Getränk zu konsumieren (damit erklären sich zumindest teilweise die stolzen Preise – ein Kaffée kann hier bis zu 5 € kosten).

Übrigens: Kaltes, oft mit Eiswürfeln gekühltes Leitungswasser gehört zum Service und wird in den meisten Cafés auch unaufgefordert immer wieder nachgeschenkt.

Rakomeládika

Gehen Sie auf der Herakleidon-Straße weiter, sehen Sie auf beiden Seiten ›Rakomeládika‹ 4. Dabei handelt es sich um eine Art von Bars, die eher das Gepräge von Tavernen haben. Dort bestellt man bevorzugt *rakómelo*, einen mit Honig gesüßten, heiß servierten Weintresterschnaps ähnlich dem italienischen Grappa. Er wird in kleinen Kännchen serviert und aus Schnapsgläsern getrunken. Für den kleinen Hunger und gegen die Nebenwirkungen des Alkohols bestellen sich die Einheimischen *pikilíes* (ein Teller, der in der Tischmitte steht und von dem die ganze Freundesgruppe kleine Häppchen naschen kann). Typische Pikilíes sind meist mehrere Fleisch- oder Fischsorten, Gemüse,

Moderne Kunst in der Technópolis

Pommes und verschiedene Saucen. Das Publikum bilden meist Studenten und andere junge Leute im Alter zwischen 20 und 30. Man sitzt meist auf traditionellen Holzstühlen, die für Griechenland typischen Metalltische sind klein, rund und dreibeinig. Wer sich fragt, wie auf diesen kleinen Tischchen alles, was bestellt worden ist, Platz finden soll (Bierflaschen, Wassergläser, Raki-Karaffen- und Gläschen sowie die Pikilíes), dem sagt ein griechisches Sprichwort »Óloi oi kaloí choráne« – auf Deutsch: »Alle Guten finden Platz«. Und genau das gilt auch für das Bestellte, im schlimmsten Fall dient ein Stuhl als Beistelltisch. Was den ›Dress-Code‹ für diese Ecke der Straße betrifft: eher schlicht und einfach.

Kunstzentrum Melina

In der Herakleidon Straße 66/Ecke Thessalonikis ist ein altes Gebäude fein herausgeputzt, in dem seit 1886 eine Hutfabrik untergebracht war. 1994 hat die Stadt Athen das Gebäude gekauft und es in ein Kulturzentrum 5 umgewandelt, in dem gelegentlich Ausstellungen und Konzerte stattfinden. Es ist nur eins von vielen Beispielen dafür, wie in dieser Gegend alte Industriearchitektur neu genutzt wird.

Altes Gaswerk

Von der Thessaloníkis-Straße kommend gehen Sie unter der Metro-Überführung hindurch, kommen auf die viel befahrene Odós Pireós und biegen dann links in die Persefónis-Straße ein. Auf der rechten Straßenseite der Persefónis liegt das Gelände des **Technópolis,** der ›Stadt der Künste‹ 6. Hier wurde von 1826 bis 1984 Gas produziert. Seit der Stilllegung finden in den schön renovierten Industriebauten Ausstellungen, Konzerte und Festivals statt (Informationen unter www.cityofathens.gr). Im Technópolis gibt es auch ein originelles Café, das ehemalige Industrieanlagen zur Gaserzeugung ästhetisch mit einbezieht.

Außerdem gibt es auf dem Gelände zwei große, runde Gasbehälter-Bauten. In einem davon ist heute der Athener Radiosender Athina 98,4 untergebracht. Er sendet seit 1987 und war damals der erste nicht-staatliche Radiosender Griechenlands. Der zweite ehemalige Gasbehälter dient als Ausstellungsraum. Im zweiten Stock soll demnächst ein Museum für die berühmte griechische Operndiva und Geliebte des Reedertycoons Aristotélis Onássis, Maria Callas, untergebracht werden.

Gázi

Eine Straße weiter gelangen Sie an die U-Bahn-Station Keramikós. Hier schlägt das Herz des einst sehr vernachlässigten, ehemaligen Armenviertels Gázi 7, das sich erst in letzter Zeit zum jüngsten Kunst- und Ausgehzentrum Athens gemausert hat. Am Platz rund um die U-Bahn-Station herum gruppieren sich viele Cafés, Bars, Clubs, Gaststätten und Theater. Hier kann man zum Beispiel im **Soho – Café und Bar** 1 morgens Kaffee trinken und dann weiter bis zum nächsten Morgen alkoholische Getränke verkonsumieren, feiern und tanzen.

In den vielen Bars rings um die U-Bahn-Station treffen sich Künstler, Jugendliche, Familien und auch ein Großteil der Athener Schwulenszene. Homosexuelle werden in Athen geduldet, öffentlicher Körperkontakt ist aber immer noch Tabu. Schnell wird klar: Einen Dress-Code für diese Gegend gibt es nicht. Auf dem Rasen um die U-Bahnstation sitzen junge Leute und alternative Athener, neben sich eine Flasche Bier, die man sich an einem der beiden Kioske in der Nähe besorgen kann.

Nachts in Gázi

Auch mit Rakómelo könnte man die Nacht in Gazi verbringen, z. B. im **Gazochóri** 1 (Odós Perséfonis/Ecke Konstantinoupóleos. An der Nordseite des Platzes (Odós Voutadón) schallt nachts laute Musik aus Café-Bars wie **The Hive, Hoxton, del Sol, Voutadon 48, Mish Mash**, **Why Sleep, Soho** oder **Tubt** mit Mainstream-Musik 2. Interessant sind die Dachterrassen mancher Bars, die nur im Sommer geöffnet haben. Wohl am berühmtesten ist die Dachterrasse der Bar **45 Míres** 3 (Odóslákchou/Ecke Voutádon). Auf der großen Leinwand laufen Videoclips und Filme – und man hat zu junger Musik wieder einmal einen ungehinderten Blick auf die uralte Akropolis.

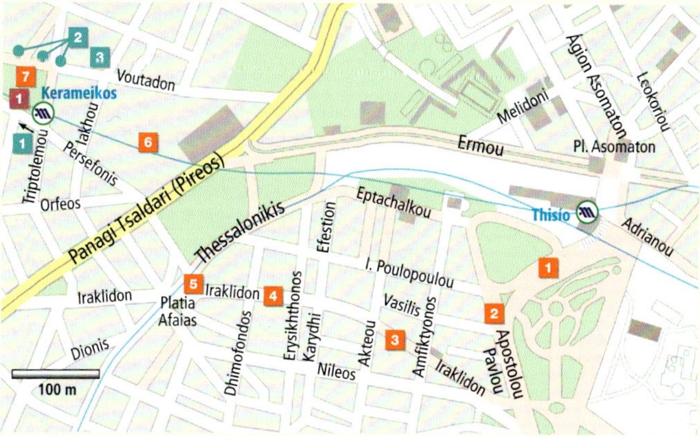

10 | Shopping für Athener – vom Omónia zu den Markthallen

Karte: ▶ C 3–4 | **Anfahrt:** Metro: Omónia (Start), Monastiráki (Ziel)

Zwischen Omónia-Platz und Städtischen Markthallen ist die griechische Metropole tagsüber besonders bunt und betriebsam. Hier ist das Athen der kleinen Leute. In manchen Seitenstraßen merkt man, dass auch dieses Land nicht frei von Drogenproblemen ist. Doch kann man sich hier völlig ungefährdet bewegen, nur auf Taschendiebe sollte man mehr achten als sonst.

Der Rundgang beginnt am **Omónia-Platz** 1. Der ›Platz der Eintracht‹ ist der traditionelle Treffpunkt der einfachen Athener sowie ausländischer Immigranten. Immmer wieder haben auch Demonstrationen hier ihren Ausgangs- und Endpunkt. An den Kiosken sind Athener Lokalzeitungen in den verschiedensten Sprachen erhältlich. Die Odós Athinás führt von hier auf die Akropolis zu.

Am Rathaus

An der Odós Athinás liegt rechter Hand das im Jahr 1872 errichtete Athener **Rathaus** 2, wo der Bürgermeister in der ersten Etage im einzigen Raum mit Balkon residiert. Am Rathaus flattert außer der griechischen Flagge auch die der Stadt.

Auf dem Weg dorthin passiert man sicherlich etliche Straßenhändler, die vor allem Uhren und Wecker feilbieten, von denen mindestens einer immer klingelt. Auch Mönche stehen hier manchmal, um Weihrauch zu verkaufen. Vor dem Rathaus erstreckt sich auf der anderen Straßenseite die **Platía Kotziás** 3, auf der häufig Veranstaltungen wie Auto-Präsentationen, Öko- und Weihnachtsmarkt stattfinden. Archäologen haben auch hier antike Gebäudereste und Gräber freigelegt.

Unmittelbar links vom Rathaus steht ein modernes **Denkmal für die ›letzte Drachme‹** 4, die älteste Münze

Europas. Der Euro hat ihr den Garaus gemacht, viele Hellenen betrachten ihn als Preistreiber. Einige fordern spätestens seit der Finanzkrise im Frühjahr 2010 auch die Drachme wieder zurück.

Gleich neben dem Denkmal lebt das alte Griechenland: an einem Kiosk werden ausschließlich Kassetten und CDs mit griechischer Musik verkauft. Wenige Schritte davon entfernt fällt unterhalb der Piraeus Bank der **Supermarkt Kleopatra** 1 durch arabische Plakate und Zeitungen auf. Verkauft werden hier vor allem kulinarische Produkte aus Ägypten und Wasserpfeifen aller Art, die auch bei jungen Griechen sehr beliebt sind.

Fernöstlich

Geht man am Supermarkt vorbei und biegt nach links in die Odós Kleisthénous ein, läuft man am hyperhippen Designer-Hotel **Fresh** 5 vorbei (s. S.), dessen Restaurant-Bar an Trendlokale in Weltmetropolen erinnern, direkt auf den chinesischen Laden **Lu Lu Tong** 2 zu, dessen Name auch auf Griechisch angeschrieben ist. Biegen Sie rechts in die Odós Sofokléous ein, passieren Sie zahlreiche weitere chinesische Geschäfte, in denen vor allem Griechen auf der Suche nach Schnäppchen sind. Auch pakistanische Imbissbuden und Restaurants sind hier zu finden: Griechenland ist in den letzten 20 Jahren zum Einwanderungsland geworden.

Biegen Sie dann links in die Odós Menándrou ein, passieren Sie mit Haus Nr. 5 ein **chinesisches Schuhgeschäft** 3. Gegenüber kümmert sich der pakistanische **Frisörsalon** um Männerfrisuren. Der Haarschnitt kostet hier nur 40 Prozent von dem, was ein einfacher griechischer Barbier verlangt – und eine Kopfmassage gibt es kostenlos dazu.

In der folgenden Querstraße, der Odós Evripídou, werden im **Laden** 4 in Hausnr. 51–52 Gewürze und ganze Knoblauch-Zöpfe verkauft.

Der Gemüsemarkt

Ihr nächstes Ziel ist der städtische **Gemüsemarkt** 5 zwischen der Sofokléous- und der Evripídou-Straße. Während Sie vielleicht noch über die Namen der Straßen nachdenken, durch die Sie vom Rathaus aus gegangen sind (sie sind alle nach berühmten antiken Dramatikern, Philosophen oder Politikern benannt), kommen ständig Straßenhändler vorbei, um eingeschmuggelte Zigaretten, selbst geerntetes Gemüse und andere Waren feilzubieten. Meist handelt es sich um Roma, Albaner oder andere Zuwanderer. Auch die allgegenwärtigen Losverkäufer fehlen natürlich nicht. Wer sein Glück versuchen will: Man hat die Wahl zwischen den Rubbellosen mit Sofortgewinn und Losen für die staatliche Nationallotterie, deren Gewinnnummern jeden Montagabend gezogen werden.

Den Gemüsemarkt sollten Sie einmal ganz umrunden und dabei vor allem auf die festen Geschäfte auf seiner Nordseite achten. Da werden isländischer und norwegischer Stockfisch, kanadische Räucherheringe, Wurst von der Insel Mýkonos und aus Polen, Walnüsse aus Moldawien, Sauerkraut aus Baden-Württemberg und vieles andere mehr aus aller Welt angeboten.

Städtische Markthallen

In den 1879–1880 erbauten Markthallen, der **Kentrikí Agorá** 6, wird traditionellerweise nur mit Fisch und Fleisch gehandelt. In die Außenfronten sind Läden eingelassen, die vor allem Käse, Nüsse, Kräuter, Honig, Wein und andere verarbeitete Lebensmittel verkaufen. Unter den Decken hängen Flachbildschirme und sorgen für Unterhaltung der Händler in kundenfreien

Momenten, hinter den Fleischständen halten große Gefrierschränke die Vorräte frisch.

Sonst aber ist vieles geblieben, wie es schon vor Jahrzehnten war. Die Metzger drapieren ihr Geflügel noch immer in militärisch anmutender Schlachtordnung, alle Hühnerköpfe sind zur gleichen Seite gewandt. Koteletts, Lebern und Nieren sind fein säuberlich sortiert, selbst die vielen Innereien lassen noch einen Sinn für Händlerästhetik erkennen. Wie beim Fleisch ist auch beim in separaten Hallen gehandelten Fisch die Herkunftsanzeige besonders wichtig. Die Fischvielfalt gleicht einer Unterrichtseinheit für Hobbytaucher, stets frisch mit Wasser besprenkelt ist ihr Anblick auch fürs Auge ein Genuss. Wer mehr kauft, als er plante, findet an den Ausgängen ambulante Händler, die nichts anderes als blaue Plastiktüten verkaufen. Leben herrscht in den Hallen natürlich vor allem zu Marktzeiten, aber auch nachts sind sie nicht ganz ausgestorben. Dann servieren hier einige Tavernen rund um die Uhr kräftige Suppen, allen voran die bei Nachtschwärmern und Frühaufstehern gleichermaßen beliebte Kuttelsuppe *patsá*. Der dafür als Würze beliebte Essig steht stets auf allen Tischen.

Öffnungszeiten

Städtische Markthallen 6: Mo–Sa 4–14 Uhr.
Fischmarkt: Mo–Do 6–15, Fr/Sa 6–18 Uhr.

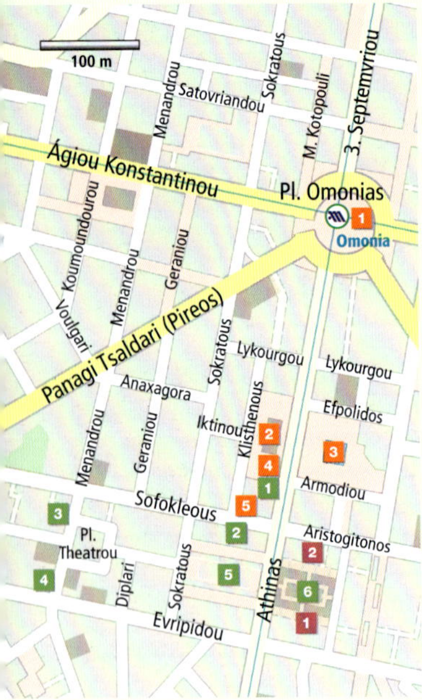

Markttavernen

Papandréou 1: In der Fleischmarkthalle, Tel. 210 325 76 07, 24 Std. tgl. geöffnet. Seit 1898 gehen griechische Nachtschwärmer und Frühaufsteher gern in die einfache Marktkneipe, die rund um die Uhr die deftige Kuttelsuppe *patsá* aus großen Kesseln serviert (6.30 €). Essig fügt jeder Gast nach eigenem Geschmack aus den auf allen Tischen stehenden Fläschlein hinzu. Wer zwar die Atmosphäre, aber nicht die Innereien mag, bekommt beispielsweise auch Moussaká (6,50 €) oder den frittierten Stockfisch *bakaljáro* mit dem Knoblauch-Kartoffel-Püree *skordaljá* (8,50 €). Auch auf Salat und Gemüse muss hier niemand verzichten.

I Fíloi 2: In der Stoá tou Athánaton, zugänglich von der Fischmarkthalle und der Odós Sofokléous aus, Tel. 210 331 08 19, tgl. 6–18 Uhr, Makrele 6,50 €, Landwurst 5,50 €, Rakí (1 cl) 3 €. Der Wirt dieser Fisch- und Fleischtaverne stammt aus Kreta. Den frischen Fisch kauft er in der Markthalle gleich nebenan, den Tresterschnaps Rakí besorgt er von Verwandten im kretischen Heimatdorf.

11 | Antike fast komplett – das Nationalmuseum

Karte: ▶ D 1–2 | **Anfahrt:** Metro: Omónia oder Viktoria

Im größten Museum des Landes sind auf 8000 m² Fläche Kunstwerke und Artefakte aus über 5000 Jahren griechischer Geschichte versammelt. Bei einem Rundgang kann man sich auf die berühmtesten Vertreter jeder Epoche konzentrieren – oder ein Thema wie das der Entwicklung von Menschen- und Tierdarstellungen über die Jahrhunderte hinweg verfolgen.

Auftakt Jungsteinzeit

Dem Eingang direkt gegenüber sind die Säle 3–6 dem frühen Griechenland vorbehalten. Gehen Sie zunächst in den rechten Saal (6) und wenden sich dort sogleich nach rechts, stehen Sie vor heute wieder fast modern anmutenden Marmorskulpturen aus dem 4. und 3. Jt. v. Chr.

Diese Kykladen-Idole aus der ägäischen Inselwelt sind sehr schematisch, betonen weibliche Brüste und Schamdreieck, haben häufig einen phallusförmigen Hals. Besonders auffällig ist das 1,52 m hohe Idol an der Schmalseite des Saals. Dass man aber auch in jener Zeit schon handelnde Menschen darstellte, beweisen ein Harfen- und ein Doppelflötenspieler in einer Vitrine an der Außenwand.

Mykenische Welt

Im 2. Jt. v. Chr. erlernten die Menschen die Metallverarbeitung. Davon zeugt der große Mittelsaal (4) mit seinen vielen massiv-goldenen Objekten aus der mykenischen Epoche zwischen ca. 1600 und 1200 v. Chr. Besonders auffällig sind die goldenen Totenmasken mykenischer Herrscher, zahlreich die Waffen und Werkzeuge aus Bronze. Szenische Darstellungen sind jetzt allgemein üblich, wie z. B. Freskenreste beweisen, die drei Esel zeigen, die eine an einem Seil befestigte Jagdbeute tragen.

Geometrische Kunst und Archaik

Durchs Foyer und an der Kasse vorbei geht es jetzt in den Hauptbereich des Museums, den Sie im Uhrzeigersinn durchschreiten. Gleich im ersten Saal (7) stehen rechts einige Keramik-Gefäße aus der Geometrischen Zeit. Sie zeigen, dass mit dem Zusammenbruch der mykenischen Hochkultur das Wissen und Können vorausgegangener Epochen verloren ging. Die Gefäße sind ganz überwiegend mit geometrischen Motiven wie Linien, Mäandern und Rhomben überzogen. Eine spätgeometrische Grabamphora aus der Zeit um 760 v. Chr. steht dann für erneute erste Versuche von Menschendarstellungen. Die Szenen einer Totenklage wirken äußerst schematisch, die Einzelpersonen stark stilisiert.

Noch im gleichen Saal begegnen Sie dann Beispielen für die ersten Monumentalskulpturen Griechenlands im sogenannten Dädalischen Stil des 7. Jh.

Übrigens: Das Museum besitzt im Obergeschoss auch eine sehr umfangreiche Keramiksammlung. Viele Gefäße sind mit Szenen aus dem antiken Alltag bemalt und geben Aufschluss über das einfache Leben, das Handwerk und die Feste der Antike. Kleine Spezialabteilungen sind ägyptischer und zyprischer Kunst vorbehalten (Säle 40–41 im Erd- bzw. Saal 64 im Obergeschoss).

v. Chr. Die starr stehenden oder sitzenden Figuren tragen lange Röcke, aus denen nur die Füße herausschauen, der menschliche Körper ist noch nicht ausgearbeitet.

In den nächsten Sälen (8–12) sind dann vor allem für die archaische Zeit im 6. Jh. v. Chr. typische, monumentale Jünglingsstatuen zu sehen, sogenannte Kouroi. Gliedmaßen und Körper sind schon deutlicher herausgearbeitet, die frontale Haltung wirkt insgesamt aber noch sehr starr. Einige Figuren zeigen auch das berühmte ›archaische Lächeln‹.

Klassik und Römische Zeit

In der klassischen Zeit wirken die Skulpturen von aller Starrheit befreit. Ein Musterbeispiel für die Anfangsphase, den ›Ernsten Stil‹ der Jahre zwischen 479 und 460 v. Chr., ist die überlebensgroße Bronzestatue des Zeus oder Poseidon in der Mitte von Saal 15. Im nächsten Saal (16) zeigen zahlreiche Reliefs auf Grabstelen und Lekythoi genannten Gefäßen, was die Klassik mit ausmacht: eine sehr viel stärkere Individualisierung, bei der die Figuren aber immer ihre Würde behalten. Als schönstes Werk dieser Art überhaupt gilt die Grabstele der Hegeso in der Mitte von Saal 18, die Ende des 5. Jh. v. Chr. entstand.

Die Römer liessen viele griechische Kunstwerke kopieren, orientierten sich stets an deren Vorbild. Schon seit dem 2. Jh. v. Chr. entstanden nun aber auch viele Werke mit stark realistischen Zügen. Ein Musterbeispiel dafür ist der Kinder-Jockey zu Pferde im Zentrum von Saal 21. Schon als kitschigen römischen Barock muss man dann wohl die beiden kleinen Skultpuren an der linken Wand von Saal 30 bezeichnen, die je einen Knaben mit Hund und mit Ente darstellen.

Abstecher nach Santorin

Von Saal 21 gelangen Sie über eine Treppe hinauf ins erste Obergeschoss, wo Sie der kleine Saal 48 noch einmal ins 2. Jt. v. Chr. zurückführt. Ausgestellt sind Funde aus Santorin, wo zwischen etwa 2000 und 1450 v. Chr. eine Kaufmannsstadt florierte, in der viele Häuser mit farbenfrohen Fresken geschmückt waren. Drei davon sind hier rekonstruiert. Sie zeigen einen boxenden Knaben, Antilopen und eine frühlingshafte Pflanzenwelt. Ebenso wie die kleinen Tierdarstellungen aus Keramik überzeugen sie durch ihre Lebendigkeit und Naturnähe.

Öffnungszeiten

April–Okt. Mo 13.30–20, Di–So 8–20 Uhr; Nov.–März Di–So 8–15 Uhr, Eintritt 7 €, www.namuseum.gr, geschlossen am 1. Jan., 25. März, Ostersonntag, 1. Mai, 25./26. Dez.

Führungen

Im Foyer können einstündige Standard-Führungen in verschiedenen Sprachen gebucht werden (10 €/Pers.). Die meisten Museumsführer sprudeln aber nur einen einstudierten Text herunter und wirken wenig engagiert. Audio-Führungen werden nicht angeboten.

Kafetéria und Museums-Shop

Selbstbedienungs-Kafetéria und Museums-Shop liegen im Kellergeschoss und sind vom Foyer aus zu erreichen. Die Kafetéria bietet auch einige wenige Außenplätze im Innenhof. Bio-Cola 3,50 €, Coca Cola 2,80 €, Visánto-Wein von Santorin 5 €/Glas, griechischer Salat 6,50 €. Achtung: Das große **Café Garden** 1 auf dem Museums-Vorplatz ist fast doppelt so teuer!

Nahebei

Polytechnío und Exárchia: Unmittelbar neben dem Museum Richtung Omónia-Platz liegt das Politechnío, eine Art Technischer Universität. Der Aufstand seiner Studenten im Herbst 1973, der von der Militärjunta blutig niedergeschlagen wurde, hat es zu einer Art nationaler Gedenkstätte werden lassen. Der Aufstand bewirkte auch, dass bei Wiedereinführung der Demokratie 1974 ein bis heute gültiges Gesetz erlassen wurde, das das Betreten von Universitätsgeländen durch Polizei und Militär untersagt. Ans Politechnío grenzt das Athener Studentenviertel Exárchia mit einer lebendigen alternativen Szene.

12 | Neoklassizismus und Neuzeit – die Odos Panepistimíou

Karte: ▶ E 5–C 3 | **Anfahrt:** Metro: Sýntagma (Start), Omónia (Ziel)

Innerhalb eines Jahrhunderts wandelte sich Athen vom ärmlichen Dorf zur Millionenstadt. Dieser Spaziergang führt Sie ins Athen des 19. und frühen 20. Jh. zurück, als viele der gesichtsprägenden Bauten der Metropole entstanden. Zudem können Sie auf dieser Tour viel Geld sehen und – wenn Sie mögen – auch ausgeben.

Die Tour beginnt in der Nordostecke des Sýntagma-Platzes am **Hotel Grande Bretagne** 1 (s. S. 89) und führt die Odós Panepistimíou, also ›Universitätsstraße‹, entlang. Wundern Sie sich nicht, dass auf den meisten Straßenschildern stattdessen ein anderer Name steht: Odós El. Venizelou. Eigentlich ist sie nämlich Elefthérios Venizélos, jenem für die Griechen bedeutenden Staatsmann gewidmet, der zwischen 1910 und 1933 mehrfach griechischer Ministerpräsident war und dessen Namen auch der Athener Flughafen trägt. Aber im Volksmund hat sich dieser offizielle Name nicht durchgesetzt.

Glitzerwelten

Auf der linken Straßenseite passieren Sie gleich nach der nächsten Querstraße die Schaufensterfront und die Eingänge zum Edelkaufhaus **Attica** 1. Auf acht Etagen präsentiert es die bekanntesten Labels der Welt in einem Prachtbau aus dem Jahr 1926. Für Scheichs und andere VIPs gibt es sogar Suiten, in denen sie sich ganze Kollektionen ohne Gaffer vorführen lassen können.

Der Gebäudekomplex, von dem das Kaufhaus nur ein Teil ist, nennt sich heute City Link. Er beherbergt auch Cafés und Theater, ein Fitness-Studio und zahlreiche Geschäfte mit teuren internationalen Labels. Im 19. Jh. standen hier noch die königlichen Pferdeställe.

Dem Kaufhaus gegenüber fällt ein schmiedeeiserne Zaun mit Darstellungen weiblicher Sphingen und hakenkreuzähnlicher Svastiken ins Auge. Er gehört zum einstigen **Wohnhaus Heinrich Schliemanns** 2, des deutschen Archäologen, der Troja entdeckte und Mykene erforschte. Er war mit einer sehr viel jüngeren Griechin verheiratet, die er wie eine Göttin mit dem von ihm gefundenen antiken Schmuck ausstaffierte. Er starb am zweiten Weihnachtsfeiertag 1890 in Neapel und wurde anschließend auf dem Athener Hauptfriedhof beigesetzt. Seinen Athener Palazzo hatte der deutsche Architekt Ernst Ziller 1878 erbaut, ein Slowene schmückte ihn mit Wandmalereien, ein Italiener verlegte die Bodenmosaike. Jedes Detail verrät: Schliemann war ein Superreicher seiner Zeit und total antikenbegeistert. Heute birgt sein Domizil sinnigerweise das **Numismatische Museum Griechenlands** mit glitzernden Münzen aus über 2500 Jahren Geschichte.

Hilfreiche Bauten

Athen war im 19. Jh. eine internationale Stadt. Deswegen wurde 1853–1887 die römisch-katholische **Kathedrale** 3 nach einem Entwurf von Leo von Klenze errichtet und dem hl. Dionisíos Areopagítos geweiht, dem noch vom Apostel Paulus eingesetzten ersten Bischof Athens. Wenige Schritte weiter kümmern sich irdische Mediziner um das Heil der Menschen: Das **Ofthalamiatrío Athinón** 4 wurde bereits 1864 als Augenklinik eröffnet, deren Architektur starke byzantinische Elemente aufweist.

Horte der Gelehrsamkeit

Auf der gleichen Straßenseite folgt dann die ›Athener Trilogie‹ aus dem 19. Jh. Sie beginnt mit der vom Dänen Theophil Hansen entworfenen **Akademie der Wissenschaften** 5. Daran schließen sich die von seinem Bruder Christian Hansen geplante **Universität** 6 und die von Ernst Ziller und Theophil Hansen gezeichnete **Nationalbibliothek** 7 an. Alle drei Bauten nehmen viele Anregungen von der Akropolis auf. Säulen und Kapitelle vom Vordertrakt der Universität orientieren sich an den Propyläen. An der Akademie sind die ionischen Säulen der Ostfassade des Erechteions wiederzufinden, ebenso im (nach Vorlage des Personalausweises zugänglichen) Lesesaal der Nationalbibliothek.

Stadtgeschichte

Wer noch intensiver ins Athen des 19. Jh. eintauchen will, unternimmt einen kurzen Abstecher zum **Museum der Stadt Athen** 8. Dort zeigt ein Modell anschaulich das Athen um 1842, zeugen originalgetreu möblierte Salons vom Wohnstil betuchter Bürger jener Zeit. Das Museumsgebäude ließ sich ein von der Insel Chíos stammender griechischer Kaufmann 1833/34 als eins der ersten klassizistischen Gebäude in Athen überhaupt errichten. Für seinen Bau musste damals ein Teil der hier verlaufenden türkischen Stadtmauer abgerissen werden. Von 1834 bis zur Fertigstellung seines eigenen Palastes wohnte hier das erste neugriechische Königspaar, der bayerische Prinz Otto mit seiner aus Oldenburg stammenden Gattin Amalia.

Einkaufspassagen

An der Panepistimíou Straße liegen kurz darauf links zwei für das Athen des frühen 20. Jh. typische Einkaufspassagen. Die Stoá Nikoloúdi 2 ist eher schlicht, einen Besuch lohnt dagegen die Stoá Arsakeíou 3. Einer ihrer Flügel ist zur ›Bücher-Stoá/Stoá ton vivlíon‹ geworden, in der nahezu komplett die gegenwärtige Buchproduktion des Landes vorgestellt wird. Außerdem ist die Passage für ihre hochwertigen Ledergeschäfte bekannt und rühmt sich eines Geschäftes, das griechische Flaggen in fast jeder gewünschten Größe vorrätig hält.

Übrigens: Sie können in der Stoá Arsakeíou im Athens Festival Office auch Karten für die Festivals von Athen und Epidaurus sowie andere Theater- und Konzertkarten buchen (Mo–Fr 8.30–16, Sa 9–14.30 Uhr).

Öffnungszeiten

Museum der Stadt Athen 8: Platía Klafthmónos, Odós Paparrigopoúlou 5–7, Tel. 210 323 13 97, www.athenscitymuseum.gr, Mo, Mi–Fr 9–16, Sa/So 10–15 Uhr, Eintritt 3 €.

Shopping

Kaufhaus Attica 1: Odós Panepistimíou 9, www.atticadps.gr.

Essen und Trinken

Pasaji 1: Odós Panepistímiou 9, City Link, Stoá Smiromíliou, Tel. 210 322 07 14, Mo–Sa ab 11 Uhr, Hauptgerichte meist 12–20 €. Das Restaurant im Edelshopping-Komplex des City Link ist Treffpunkt von Shoppern und Medienschaffenden, Schauspielern und Bonvivants. In klassischem Ambiente wird moderne griechische Küche serviert, z. B. Scampi in Paprika-Grieß-Kruste.

Ideal 2: Odós El. Venizélou 46, Tel. 210 330 30 00, Mo–Sa ab 12 Uhr, Nudelgerichte 5,30–11 €, griechischer Salat 7,70 €, Hauptgerichte 8,50–12 €, Desserts 3–6 €, Couvert 2,20 €. Schon über 40 Jahre altes Restaurant mit hoher Decke, Tischen im Stil der Art nouveau und perfektem Service. Viele griechische Spezialitäten von besonders hoher Qualität, wechselnde, der Saison angepasste Tageskarte. Das Moussaká und die gefüllten Weinblätter sind unübertrefflich – und Desserts wie Walnusskuchen mit Eis, Sahne und Schokoladensauce oder gebratener Apfel mit Sahne unwiderstehlich.

Pólis 3: Stoá ton vivlíon, Tel. 210 324 95 88, tgl. 10–1 Uhr, doppelter griechischer Kaffee 3,50 €, Cocktails 10 €. Logo des Kulturcafés, das in der intellektuellen Szene Kult erlangte, ist eine Eule, die auf einer Ampel sitzt – Sinnbild fürs neue Athen. Man sitzt in einem mit Marmor gepflasterten Innenhof, auf den Beamte des griechischen Staatsrats aus ihren Fenstern hinunter blicken können, oder drinnen in modern-künstlerisch angehauchtem Ambiente. Häufig finden hier Lesungen und andere kleine Events statt, die freilich nur auf griechischsprachigen Plakaten angekündigt werden.

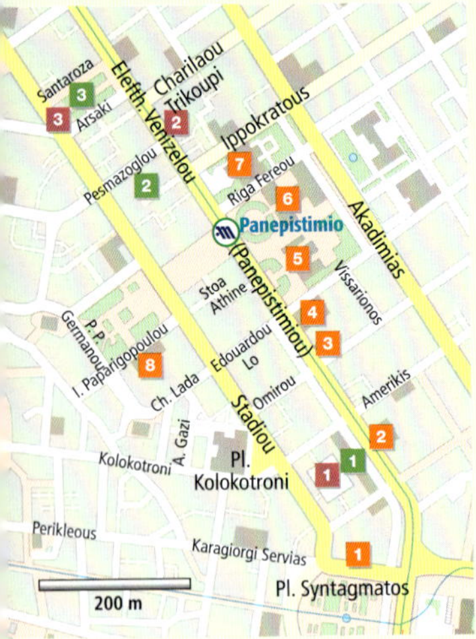

13 | Hoch hinauf – von Kolonáki auf den Lykavittós

Karte: ▶ F 5–G 4 | **Anfahrt:** Metro: Sýntagma

Vom sehr berühmten, aber außer fürs Edel-Shopping kaum noch besuchenswerten Kolonáki-Viertel geht es per Bus und Standseilbahn auf den 277 m hohen Fels Lykavittós, von dem sich eine phantastische Aussicht auch auf die 120 m tiefer gelegenen Tempel der Akropolis bietet. Zwischen blühenden Agaven hindurch geht es zu Fuß zurück zum Ausgangspunkt.

Kolonáki-Viertel

Das Kolonáki-Viertel zwischen Lykavittós und Sýntagma-Platz gilt als nobelste Geschäfts- und Büroadresse der ganzen Stadt. Warum, ist heute kaum noch nachzuvollziehen. Abseits der wenigen Fußgängerzonen herrscht in den engen Häuserschluchten dichter Verkehr, die Bürgersteige sind schmal, das Grün spärlich. Der gute Ruf Kolonakis ist sichtlich in autoärmeren Zeiten entstanden. Trotzdem konzentrieren sich die Geschäfte mit den edelsten und teuersten Labels der Welt auf Straßen wie die Odós Tsakálof, Odós Skoúfa und Odós Voukourestíou, haben Mode-Designer und Rechtsanwälte von Rang hier ihre Studios und Büros.

Kolonáki-Platz

Am ebenfalls recht verkehrsreichen **Kolonáki-Platz** 1 muss man in einem der Straßencafés sitzen, um zu sehen und gesehen zu werden. Hohe Preise sind hier notwendig, um das gewünschte Publikum anzulocken. An den Kiosken sind internationale Zeitungen und Zeitschriften in großer Zahl zu finden, man gibt sich ganz weltmännisch. Als Urlauber, der auf diese Pseudo-Szene gut verzichten kann, fährt man besser nach kurzer Umschau gleich mit dem Linienbus 60 durch enge Straßen und an großen Krankenhäusern hinauf an den Fuß des Lykavittós-Felsen.

Im Berg nach oben

69 Stufen führen von der Haltestelle der Buslinie 60 zur Talstation der von den Griechen *teleferík* genannten **Standseilbahn** 2 auf den Lykavittós-Hügel. Bis zur **Bergstation** 3 empor führen ihre völlig gleichmäßig ansteigenden Schienen durch einen Tunnel. Die beiden Wagen begegnen sich nach etwa einer Minute in der Mitte des Tunnels auf einem kurzen zweigleisigen Streckenabschnitt. Beide Wagen sind mit einem zwischen den Schienen verlaufenden Drahtseil verbunden, das in der Bergstation über eine Seilscheibe geführt wird. Beide Wagen halten sich am Seil in etwa im Gleichgewicht, so dass ein schwacher Elektromotor zum Antrieb ausreicht.

Gipfel und Rückweg

Die weiße **Kapelle** 4 auf dem Gipfel des Likavittós ist dem hl. Georg geweiht. Sie wurde erst 1834 erbaut, wirkt aber viel älter. Innen ist sie mit neuen Wandmalereien im byzantinischen Stil geschmückt. Von der Terrasse vor dem Kirchlein bietet sich der schönste Blick über Athen mitsamt der Akropolis und über den Saronischen Golf bis zum Peloponnes hinüber.

An der Seite der Kapelle führen Stufen bergab. Der gepflasterte Weg wird von Agaven mit ihren markanten Blütenstengeln gesäumt. Wo er auf die Straße trifft, wendet man sich nach rechts und kommt am Luxushotel St. George Lycabettus vorbei wieder zum Kolonáki-Platz zurück.

Bus und Standseilbahn

Buslinie 60: Haltestelle an der Nordseite des Kolonáki-Platzes auf der Platzinnenseite, Richtung Lykavittós fahren bis zur Haltestelle 4H Likabittoy.
Standseilbahn: *tgl. 9–3 Uhr, Abfahrten mind. halbstündlich, Rückfahrticket 6,50 €, keine Einzelfahrt lösbar, keine Kinderermäßigung. Sparsame mit guter Kondition gehen, wenn sie vor der Station stehen, 120 m nach links und gelangen zum Beginn des nachts beleuchteten Fußwegs zum Gipfel.*

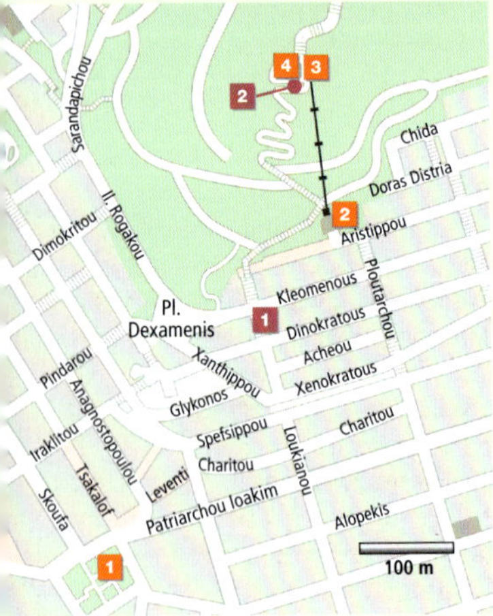

Essen & Trinken

Grand Balcon 1: Odós Kleoménous 2, Kolonáki, Tel. 210 72 907 12, Di–So 20.30–1 Uhr, 3-Gang-Menü ab ca. 30 €. Das Restaurant auf der obersten Etage des Luxus-Hotels St. George Lycabettus bietet einen prächtigen Blick über die Akropolis. Der Küchenchef ist Schwede, Fisch und Meeresfrüchten gilt seine besondere Aufmerksamkeit.
Orizóntes 2: Am Gipfel des Lykavittós, Tel. 210 721 07 01, tgl. ab 12 Uhr, Hauptgerichte 20–32 €. Das höchstgelegene Restaurant Athens gehört zur exklusiven Kette der Kastellórizo-Fischrestaurants (www.kastelorizo.com.gr), die eigene Fischzuchtbetriebe besitzt. Man sitzt hinter Glas in den eleganten Innenräumen oder draußen auf mehreren kleinen Terrassen.

14 | Bunte Vielfalt – Athens Museumsmeile

Karte: ▶ F 6 bis H 6 | **Anfahrt:** Metro: Sýntagma (Start), Mousikí Mégaro (Ziel)

Athen besitzt über 50 Museen. Die müssen Sie nicht alle gesehen haben. Einen halben Tag aber könnten Sie gut auf der Museumsmeile der Odós Vasilíssis Sofías zwischen Sýntagma-Platz und Hilton-Hotel verbringen. Da wird Ihnen auf nur 1 km Wegstrecke ein bunter Querschnitt durch Athens Museumslandschaft geboten.

Benaki-Museum

Das sehr modern gestaltete **Mouseío Mpenakí** 1, in dem viele Exponate gut und ausführlich auf Englisch erklärt werden, bietet in insgesamt 36 Sälen auf vier Etagen einen Querschnitt durch die griechische Kunstgeschichte und das Kunsthandwerk des Landes. Neben einigen Kykladen-Idolen und viel Keramik aus verschiedenen Epochen zeigt es im Erdgeschoss auch ägyptische Fayum-Grabporträts aus römischer Zeit und eine wertvolle Ikonensammlung. Im ersten Obergeschoss fallen die vielen griechischen Trachten, der exquisite Schmuck und beschnitzte Möbel ins Auge. Eindrucksvoll ist der Empfangssalon aus der Zeit um 1750, der aus einem Herrenhaus in Nordgriechenland stammt. Auch moderner griechischer Kunst ist ein Teil der Ausstellung gewidmet.

Goulándris-Museum für Kykladische Kunst

Zwischen etwa 3200 und 2200 v. Chr. wurden auf den Kykladen-Inseln stark abstrahierte menschliche Figuren aus Marmor geschaffen, die heute als Kykladen-Idole bezeichnet werden. Die Archäologie des 19. Jh. bezeichnete sie als primitiv, doch haben sich viele Künstler der Moderne im frühen 20. Jh. von der schlichten Linienführung inspirieren lassen. Das private **Mouseío Kykladikís Technís** 2 besitzt die weltgrößte

Manuskripte und Kirchenkunst des frühen Christentums zeigt das Byzantinische Museum

Sammlung solcher Idole und außerdem auch Schmuck und steinerne Schalen von großer Schönheit aus jener Zeit. Einzigartig ist eine Marmorschale, deren Rand mit 16 vollplastischen Tauben besetzt ist. Mit über 800 Objekten besitzt das Museum außerdem eine große Sammlung antiker zyprischer Kunst. Besonders informativ ist eine Ausstellung mit 142 Objekten im 4. Obergeschoss, die sehr anschaulich das tägliche Leben im antiken Griechenland illustriert.

Byzantinisches Museum

Das sehr modern auf mehreren Ebenen gestaltete **Vizantinó ké Christianikó Mousío** 3 führt den Besucher durch Kirchenbau und Kirchenkunst seit frühchristlicher Zeit. Im ersten Ausstellungsbereich (I,1 bis I,3) zeigen Reliefs und Skulpturen die enge Verbindung zwischen antiker und frühchristlicher Kunst auf. Besonders schön ist ein auf der Insel Náxos gefundenen Relief aus der Zeit um 400, das eine der frühestens Darstellungen Jesu Geburt sein könnte: Das Neugeborene liegt auf einer Art Altar zwischen zwei Bäumen, zwei Tiere beugen sich über das Kind wie später Ochs und Esel auf orthodoxen Ikonen.

Das erstaunlichste Ausstellungsobjekt ist eine Ikone in Saal IV,3. Auf ihr ist der auch im Westen bekannte hl. Christophorus hundsköpfig dargestellt. Eine Legende berichtet, der Heilige sei so schön gewesen, dass er sich der Zuneigung der Frauen kaum erwehren konnte, so dass er schließlich Gott um diesen Hundekopf bat. Kulturgeschichtlich stammt diese Form der Darstellung des Heiligen aber wohl eher aus dem frühchristlich-ägyptischen Raum, wo die alten heidnischen Gottheiten ja oft Tierköpfe trugen – so wie der falkenköpfige Horus, der ibisköpfige Thoth oder der hundsköpfige Anubi.

Kriegs-Museum

Auf dem kleinen Freigelände des **Polemikó Museío** 4 stehen einige Kampfjets der griechischen Luftwaffe, in deren Cockpits man hineinschauen kann. Kriegseinsätze sind sie zwar nicht geflogen, aber Scheingefechte mit türkischen Jets führt die griechische Luftwaffe bis heute mehrmals im Jahr: Türkische Kampfflugzeuge drängen immer wieder in Teile des Luftraums ein, den die Griechen für sich reklamieren, die Türken jedoch als internationalen Luftraum betrachten. In den Innenräumen des Museums werden die zahlreichen Kriege und Feldzüge dokumentiert, die Griechenland seit 1821 zumeist gegen die Osmanen geführt hat. Aber auch Erinnerungen an die Zeit der großdeutsch-italienisch-bulgarischen Besetzung im Zweiten Weltkrieg und großdeutsche Gräueltaten fehlen nicht.

Nationalgalerie

Die **Ethnikí Pinakothíki** 5, Griechenlands bedeutendste Kunstgalerie, widmet sich ausführlich der Entwicklung der neugriechischen Malerei seit dem 19. Jh. bis hin zur Moderne. Besonders stolz ist man auf drei Werke des 1541 auf Kreta geborenen Malers Domínikos Theotokópoulos, der später in Spanien als El Greco zu Weltrum gelangte.

Infos

Benáki-Museum 1: Odós Koumbári 1/Ecke Leofóros Vas. Sofías, nahe Sýntagma-Platz, www.benaki.gr, Mo, Mi, Fr, Sa 9–17 Uhr, Do 9–24 Uhr, So 9–15 Uhr, Eintritt 6 €, Do frei.
Gouländris-Museum für Kykladische Kunst 2: Odós N. Doúka 4, www.cycladic.gr, Mo, Mi, Fr, Sa 10–17, Do 10–20, So 11–17Uhr, Eintritt 7 €.
Byzantinisches Museum 3: Leofóros Vas. Sofías 22, www.byzantinemuseum.gr, April–Okt. Mo 13.30–20, Di–So 8–20 Uhr, Nov.–März Di–So 8.30-15 Uhr, Eintritt 4 €.
Kriegsmuseum 4: Leofóros Vas. Sofías/Ecke Odós Rizári, Di–Fr 9–14 Uhr, Sa/So 9.30–14 Uhr, Eintritt frei.
Nationalgalerie 5: Odós Michalakopoúlou 1/Ecke Odós Vas. Konstantínou 50, www.nationalgallery.gr, Mo, Mi–Sa 9–15 Uhr, Mo u. Mi auch 18–21 Uhr, So 10–14 Uhr, Eintritt 6,50 €.

Museums-Café

Das **Café-Bistro** 1 im zweiten Obergeschoss des Benáki-Museums bietet von seiner Sommerterrasse im zweiten Geschoss aus einen schönen Blick über den Nationalgarten.

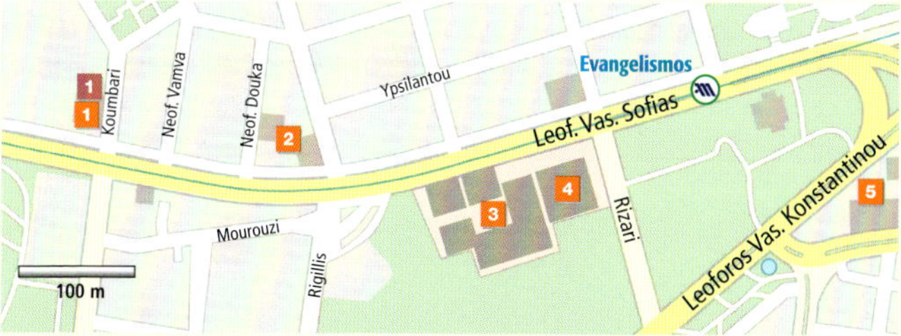

15 | Athens Hafenstadt – Piräus (Pireás)

Karte: ▶ Karte 2, aC 1 bis aF1 | **Anfahrt:** Metro: Pireás (Start), Néo Faliró (Ziel)

Piräus ist eine der berühmtesten und ältesten Hafenstädte Europas. Drei ganz unterschiedliche Hafenbecken mit Myriaden von Schiffen und Yachten, zwei Museen, gute Ouzerien und pulsierendes Leben in zahllosen Straßencafés bieten Programm genug für einen ganzen Urlaubstag.

Die Metro-Linie aus Athen endet direkt vor dem Dreh- und Angelpunkt des innergriechischen Fährverkehrs, dem zentralen Hafen **Kentrikó Limáni.** In der Antike wurde er seiner Form wegen Kantharos, also Trinkbecher, genannt. Wenn Sie aus dem Haupteingang der Metrostation Pireás hinausgehen, sehen Sie unmittelbar vor sich schon die großen Ägäis-Fähren und links hinten vielleicht einige Kreuzfahrtschiffe.

Gehen Sie zunächst über die Fußgängerbrücke auf die andere Straßenseite hinüber und dann weiter nach links am Hafen entlang. Schon nach wenigen Metern liegt rechts eine platzartige Erweiterung mit Tiefgarage und Busstation: das ist die **Platía Karaiskáki** 1. Hier können Sie sich gegenüber der Endhaltestelle des Flughafenbusses in eins der Straßencafés setzen und einige Zeit lang das Hafentreiben beobachten. Vielleicht werden Sie sich fragen, wo hier denn Frachter und Tanker sind. Die haben das Terrain schon lange nahezu völlig den Passagierdampfern überlassen. Ein moderner, von einem chinesischen Unternehmen betriebener Containerhafen ist westlich der Stadt entstanden, Tanker haben ihre brandgefährliche Ladung schon immer bei Elefsína und nahe der Einfahrt zum Kanal von Korinth gelöscht.

Am Kentrikó Limáni

Folgen Sie danach im Uhrzeigersinn dem Hafenbecken etwa 500 m weit an vielen großen Fährschiffen vorbei bis zum schönen und schattigen, aber teuren Café am **Hafentor Nr. 9** 2 und verlassen Sie den Kai dann durch Tor Nr. 10. Überqueren Sie die Hafenrandstraße, wenden Sie sich nach rechts und gehen Sie dann links die nächste Straße, die Odós Filellínon, hinauf. An der Kreuzung mit der breiten Hauptstraße Iróon Politechníou liegt an dieser breiten Hauptstraße die Haltestelle der **Stadtbuslinie 904** 3.

Archäologisches Museum

Wenn Sie kunst- und geschichtsinteressiert sind, können Sie noch einen kurzen Abstecher zum Archäologischen Museum von Piräus 4 machen, bevor Sie in diesen Bus einsteigen. Glanzstücke des kleinen, schön arrangierten Museums sind drei Bronzestatuen der Gottheiten Apollon, Artemis und Athena, die 1959 im Hafenbecken von Piräus gefunden wurden. Sie sind besonders wertvoll, weil nur wenige metallene Kunstwerke aus dem Altertum die Einschmelzwut späterer Epochen überstanden. Ganz einzigartig ist sogar ein aus Originalteilen rekonstruiertes Grabdenkmal aus der Zeit um 330 v. Chr. Als Vorbild für den Bau diente eins der sieben klassischen Weltwunder der Antike, das Mausoleum von Halikarnassos im heutigen Bodrum (Türkei). Gleich neben dem Museum liegen noch spärliche Überreste eines antiken Theaters aus dem 2. Jh. v. Chr.

Antikes Piräus

Der Bus fährt nur in eine Richtung, Sie können also nicht in die falsche fahren. Der Bus passiert das große Waisenhaus **Chatzikyriákio** 5, biegt dann zunächst links und kurz darauf nach rechts ab und erreicht die Uferstraße Aktí Themistokléous.

An der zweiten Haltestelle an der Küstenstraße, sie trägt den Namen **Peiraikí** 6, sollten Sie aussteigen und von hier aus ca. 2 km am Ufer entlanggehen. Man kommt mit Blick auf das offene Meer an mehreren guten, fast nur Einheimischen bekannten Fischtavernen und Mezedopolía vorbei und passiert die kleine, felsige Bucht **Limanáki** 7, die an einen schmalen Fjord erinnert.

Vorbei am modernen **Amtssitz des orthodoxen Bischofs von Piräus** 8 (Hausnummer 190) gelangen Sie zur breiteren **Skafáki-Bucht** 9. Einheimische gehen hier gern schwimmen. An dieser Bucht sind besonders gut erhaltene Überreste der antiken Stadtmauern von Piräus samt ihrer Türme deutlich zu erkennen. Die erste Stadtmauer entstand bereits kurz vor den Perserkriegen um 483 v. Chr. Nachdem Athen im Peloponnesischen Krieg gegen die Spartaner unterlegen war, wurden sie geschleift, ab 394 v. Chr. in der heute sichtbaren Form aber wieder aufgebaut.

Um die Zéa Marína

Bald darauf verlassen Sie diesen unbekannteren Teil von Piräus und stehen vor dem Mastenwald der auch Pasalimáni genannten Zéa Marína 10. Hier liegen Hunderte von Luxusyachten aus aller Welt, von denen manche die Größe kleiner Kreuzfahrtschiffe erreichen. Nehmen Sie gleich die erste kleine Straße, die rechts zum Hafenbecken hinunterführt, sehen Sie links eine Rasenfläche, auf der maritimes Kriegsgerät steht, darunter auch der Turm eines U-Boots. Hier befindet sich das **Nautische Museum** 11, für dessen Besichtigung Sie etwa 30 Minuten veranschlagen sollten. Es zeigt außer vielen Schiffsmodellen, Seestücken und nautischen Geräten auch ein Modell der Seeschlacht von Salamis zwischen den

Fischmarkttaverne in Piräus

Athenern und den Persern im Jahr 480 v. Chr. Außerdem wurde ein Teil der Stadtmauer von Piräus, mit der Themistokles 483 v. Chr. die Halbinsel befestigen ließ, in das Museum einbezogen.

Nach dem Museumsbesuch können Sie an den Yachten entlang bis zur Platía Kanári am Scheitelpunkt des Hafenbeckens flanieren. Dort sollten Sie dann an der Haltestelle **Pasá Limáni** 12 in den Trolleybus Nr. 20 in Richtung Néo Faliró einsteigen.

Mikrolímano

Er bringt Sie auf der zum Kastélli-Hügel leicht ansteigenden Straße an einem Strand vorbei bis zur Haltestelle Skalákia, die unmittelbar auf eine EKO-Tankstelle folgt. Hier gehen Sie nun die Treppen hinunter zum wohl schönsten Hafenbecken von Piräus, dem Mikrolímano 13. Hier liegen vor allem Fischerboote und kleine Yachten. Der Kai wird von teuren Fischtavernen und trendigen Musik-Cafés gesäumt. Auf einem Kap im Süden des Hafenbeckens thront seit 1935 das weiße Gebäude des ehemals königlichen **Yachtclubs von Piräus** 14, in dem vor 40 Jahren Aristoteles Onassis und König Konstantin Stammgäste waren.

Zurück nach Athen

Folgen Sie der Uferstraße nun oberhalb eines Badestrandes in Richtung Athen, kommen Sie nach 150 m an die Mündung eines kleinen Flusses, auf dessen anderer Seite das **Stadion des Friedens und der Freundschaft** 15 liegt, 2004 Austragungsort der olympischen Volleyballturniere.

Am Fluss entlang gelangen Sie zur Kirche **Panagía Myrtidiótissa** 16 und gehen weiter zur Endstation der Tram, **Néo Fáliro** 17 gegenüber vom **Karaiskáki-Stadion** 18, in dem die Mannschaft von Olympiakós Pireás ihre Heimspiele austrägt.

Die Tram bringt Sie zurück ins Stadtzentrum. Unterwegs können Sie an der Haltestelle Trocaderó aussteigen, um den Museumshafen mit dem **Schlachtschiff Averoff** 19 (s. S. 75) zu besichtigen. An heißen Tagen lohnt auch die Fahrt in Richtung Glyfáda, um an einem der Strände noch ein Bad zu nehmen.

Öffnungszeiten

Archäologisches Museum 4: Odós Chariláou Trikoúpi 31, Di–So 8.30–15 Uhr, Eintritt 3 €.
Nautisches Museum 11: Limáni Zéas, Di–Fr 9–14, Sa, Mo 9–13.30 Uhr, Eintritt 1,50 €.

Verkehrsmittel

Metro: Fahren Sie mit der Linie 1 z. B. ab Omónia-Platz oder Monastiráki bis zur Endstation Pireás. Rückfahrt mit derselben Linie, als Endbahnhöfe sind Kifissiá oder Maroússi angegeben. Die Metro verkehrt zwischen etwa 5 und 24 Uhr.
Bus 904 verkehrt Mo–Fr zwischen 5 und 23 Uhr alle 7–12, Sa/So alle 15 Minuten. Endhaltestelle seiner Rundtour ist die Metrostation Pireás. Setzen Sie sich am besten auf die rechte Seite, dann haben Sie den schöneren Meeresblick und können auch die Haltestellennamen lesen. Falls Sie kein 24-Stunden-Ticket für alle öffentlichen Verkehrsmittel Athens besitzen (3 €, an Metro-Stationen erhältlich, können Sie Bustickets auch an vielen Kiosken erstehen. Im Bus können keine Fahrkarten gelöst werden!).
Trolleybus Nr. 20 verkehrt zwischen 4.30 und 24 Uhr alle 10–15 Minuten.

Essen und Trinken

Mezedopolío tou Diásimou 1: Aktí Themistokléous 308, Pireás, Tel. 210 451 74 71, tgl. ab 11 Uhr, Metro bis Endstation Pireás, dann Bus 904 bis ›Peiraikí‹. Fischsuppe *kakaviá* ca. 8 €, frischer Fisch ca. 40–50 €/kg. Große Fischtaverne mit riesiger Auswahl an Meeresfrüchten und frischem Fisch zu sehr günstigen Preisen.
Papaioánnou 2: Odós Philíppou 5, Mikrolímano, Tel. 210 422 50 59, tgl. 12–16 und Mo–Sa ab 19 Uhr (im August für einige Tage geschl.), Metro bis Néo Fáliro, dann Trolleybus Nr. 20, frischer Fisch ca. 50–70 €/kg, Languste 80–100 €/kg (saisonabhängig). Hier gibt es ausschließlich Fisch, Krustentiere und andere Meeresfrüchte – und das täglich mit absoluter Frischegarantie. Tischreservierung empfehlenswert.

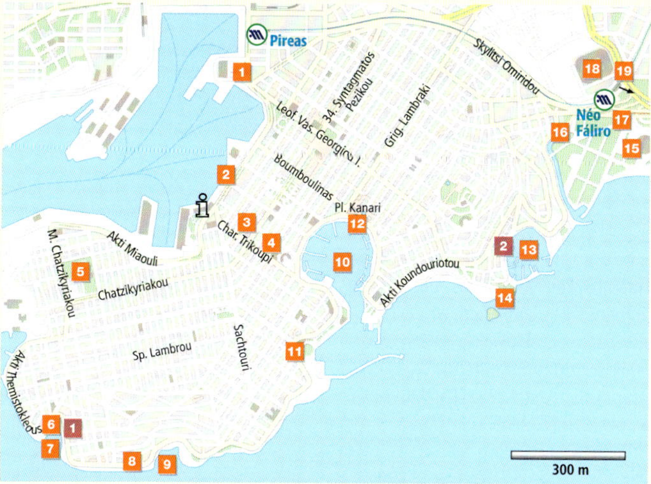

Noch mehr Athen

Archäologische Stätten

Hadrianstor ▶ Karte 3, D 7

Leofóros Amalías, Metro: Akrópoli, frei zugänglich.

Das 18 m hohe Prachttor aus pentelischem Marmor stifteten die Athener Bürger um 125 n. Chr. dem römischen Kaiser Hadrianus, der die Stadt sehr liebte und ihr viele neue Bauten schenkte. Heute steht es recht verloren am Rande einer viel befahrenen Straße.

Panathenäisches Stadion ▶ F 8

Leofóros Vas. Konstantínou 50, Tel. 210 723 58 57, Metro: Akrópoli, Sýntagma, Mo, Mi 9–15, Mai–Okt. auch 18–21, Do–Sa 9–15, So 10–14 Uhr, Eintritt frei

Das auch ›Mármara‹ genannte Stadion mit Platz für 50 000 Zuschauer, während der Olympischen Spiele 2004 Ziel des Marathonlaufs und Austragungsort der Wettbewerbe im Bogenschießen, ist die Rekonstruktion eines um 330 v. Chr. angelegten und um 140 n. Chr. ganz mit pentelischem Marmor ausgekleideten Stadions. In der griechischen Antike wurde es für Sportwettkämpfe im Rahmen der alle vier Jahre stattfindenden Panathenäischen Spiele genutzt. Während der römischen Kaiserzeit fanden hier auch Gladiatorenkämpfe und Tierhatzen statt. Im Mittelalter wurden die Marmorblöcke fast vollständig entwendet und für Hausbauten benutzt. Bei den ersten Olympischen Spielen der Neuzeit im Jahre 1896 war es das zentrale Olympiastadion, für die Spiele 2004 wurde es gründlich renoviert.

Römisches Forum ▶ Karte 3, C 6

Eingang Odós Pelopída, Pláka, Tel. 210 324 52 20, Metro: Monastiráki, April–Okt. tgl. 8–20, Nov.–März tgl. 8.30–15 Uhr, Eintritt 2 € oder mit Kombi-Ticket

Im 1. Jh. v. Chr., als Athen bereits von den Römern beherrscht wurde, reichte die antike Agorá als Marktgelände nicht mehr aus. Deswegen legten die Römer ganz in deren Nähe ein Forum an. Das 112 x 96 m große Gelände war auf allen vier Seiten von ionischen Säulenhallen umgeben, in denen sich Geschäfte befanden. Ein monumentales Tor mit dorischen Säulen führte von der Agorá auf das Forum.

Der wesentliche Bau auf dem Forumsgelände ist heute der fast 13 m hohe, achteckige **Turm** aus dem 2. Jh. v. Chr. Er diente als Uhr, Wetterwarte und vielleicht sogar als Sternwarte. Sein Relieffries zeigt die als Götter dargestellten acht Windrichtungen, auf die eine auf dem Dach installierte Wetterfahne zeigte. An den Außenseiten des Turms waren Sonnenuhren angebracht. Innen befand sich eine komplizierte Wasseruhr. Sie sorgte für eine exakte Zeitmessung auch bei Nacht und schlechtem Wetter.

Ebenfalls interessant ist die große **Gemeinschaftslatrine** aus dem 1. Jh. n. Chr. neben dem Turm der Winde, die über 60 Sitzplätze im kommunikationsfreundlichen Karrée bot. Zwei der Sitzplätze haben die Archäologen rekonstruiert. Man erkennt, dass die alten Römer den Körperkontakt offenbar nicht scheuten.

Tempel des Olympischen Zeus ▶ D 8

Eingang Leofóros Vas. Ólgas, Makrygiánni, Tel. 210 922 63 30, Metro: Sýntagma, Akrópoli, tgl. 8–20 Uhr (Winter bis 17 Uhr), Eintritt 2 € oder mit Kombi-Ticket

Fast 17 m hoch sind die 15 noch aufrecht stehenden korinthischen Säulen des Athener Zeus-Tempels. Einst umgab eine Doppelreihe von 104 solcher Säulen mit einem Gesamtgewicht von fast 16 000 t den gigantischen Tempel, der 110 m lang und 43 m breit war. Mit seinem Bau war im 2. Jh. v. Chr. begonnen worden, er blieb aber unvollendet. Der römische Kaiser Hadrianus ließ ihn dann in nur sieben Jahren Bauzeit zwischen 124 und 132 n. Chr. vollenden. Zum fotogenen Reiz trägt die nahe Akropolis bei, die durch die mächtigen Säulen hindurch immer gut zu sehen ist.

Gebäude, Kirchen, Klöster

Agía Dínami ▶ Karte 3, D 6

Odís Mitropoleos/Ecke Odós Pentélis, Metro: Sýntagma, tagsüber frei zugänglich

Die kleine Kapelle aus dem 17. Jh. ist kunsthistorisch belanglos und dennoch eine Sehenswürdigkeit. Weil man die Wohnsitze von Heiligen nicht abreißen darf, aber genau an dieser Stelle ein Bürohaus bauen wollte, stellte man das Letztere zum Teil auf hohe Pfeiler, so dass das Kirchlein darunter Platz finden konnte. Es wird den ganzen Tag über eifrig von Gläubigen besucht, um Kerzen zu entzünden, Ikonen zu küssen und vielleicht auch ein kurzes Gebet zu sprechen. Um die Umgebung lieblicher zu gestalten, ist die Kapelle von einem dichten Spalier von Blumentöpfen umringt.

Kirche Kapnikaréa ▶ C 5

Odós Ermoú/Odós Kapnikaréas, Monastiráki, Metro: Monastiráki, Mo, Mi, Sa 8–14, Di, Do, Fr 8–12.30 und 17–19.30, So 8–11.30 Uhr

In der kleinen Kreuzkuppelkirche aus dem 11. Jh. mit ihrer markanten Vorhalle sind noch einige verrußte Freskenreste zu erkennen. Da die Kirche unmittelbar auf der Haupteinkaufsstraße Odós Ermoú steht, wird sie stark von Einkaufsbummlern frequentiert.

Kloster Dafní ▶ Karte 5, C 3

Ierá Odós/Leofóros Athinón, Dafní, Bus: A16 ab Platía Eleftherías, Klosterkirche zurzeit wegen Restaurierungsarbeiten nicht zugänglich, Klostergelände Di–So 8.30–14.30 Uhr

Das am Rand eines Kiefernwaldes gelegene ehemalige Kloster birgt die 76 besterhaltenen und schönsten mittelalterlichen Mosaike des Landes. Sie stammen wie die Klosterkirche aus der Zeit kurz vor 1100, während die zinnenbekrönten Mauern, die das Kloster zu einer kleinen Festung machten, zum Teil noch auf die Gründungszeit im 6. Jh. zurückgehen.

Kloster Kessariáni ▶ Karte 5, C 3

An der Straße auf den Ymettós oberhalb des Stadtteils Kessarianí, Bus: 223 oder 224 ab Haltestelle Vas. Sofías, Di–So 8.30–15 Uhr, Eintritt 2 €

Das ehemalige Kloster bezaubert schon auf den ersten Blick durch seine Lage am Waldrand und durch die alten Gemäuer auf einem mit Steinplatten gepflasterten Klosterhof mit Zypressen und Bruchstücken antiker Säulen. Aus der Gründungszeit im 11. Jh. stammen noch die Kirche und das Badehaus, während der Narthex, das Refektorium, die Zellentrakte, der Glockenturm und die Kapelle des hl. Antonius Hinzufügungen aus der Türkenzeit sind. Die gut erhaltenen Wandmalereien im Innern der Klosterkirche wurden im 18. Jh. geschaffen, die im Narthex 1682.

Zappio ▶ E 7

Leofóros Vas. Ólgas, nur außen zu betrachten, Metro: Sýntagma, Akrópoli

Das prunkvolle, nach seinem Stifter benannte Ausstellungsgebäude aus den Jahren 1885–1888 ist heute Sitz eines Ministeriums. Besonders schön ist der runde, von zweigeschossigen Arkaden gesäumte Innenhof. In dessen Seitenräumen finden manchmal Sonderausstellungen statt. Dann kann man das Záppio auch problemlos betreten, während es sonst für die Öffentlichkeit nur zugänglich ist, wenn man einen akzeptablen Grund für seinen Wunsch angibt.

Museen

Hellenic Cosmos ▶ westlich A 5

Odós Piréos 254, Tavrós, Tel. 212 254 00 00, www.hellenic-cosmos.gr, Bus: 914 ab Omónia alle 60–80 Min., Bus: 049 Richtung Piréas ab Omónia-Platz alle 10–20 Min. Juni–Sept. Mo–Fr 9–16 (Mi bis 21 Uhr), So 10–15 Uhr, Okt.–Mai Mo–Fr 9–14 (Mi und Fr bis 21), Sa 11–16, So 10–16 Uhr, Eintritt ab 16 €.

Antike mal ganz anders: In diesem supermodernen Ausstellungskomplex wird das Altertum mit modernsten Medien erklärt. Man kann sich im Kino interaktiv über die antike Agorá bewegen und beim Scherbengericht mitentscheiden, wer verbannt werden soll; man spaziert dreidimensional durch das antike Olympia oder die antike Stadt Milet. Man kann man an einem (englischsprachigen) Wissenstest über die Antike teilnehmen, in der Cafeteria kostenlos die Laptops nutzen und im Internet recherchieren – und vieles mehr.

Islamisches Museum ▶ A 5

Odós Ágion Asómaton/Ecke Odós Dípilou, www.benaki.gr, Metro: Thisío, Di–So 9.15 (Mi bis 21) Uhr, Eintritt 5 €, mittwochs frei

Nicht nur osmanische, sondern islamische Kunst aus aller Welt ist das Thema dieses kleinen Museums. Besonders schön ist die teilweise Wiedererrichtung eines über 350 Jahre alten Prunksalons aus einem Wohnhaus in Kairo. Älteste Objekte sind zwei geschnitzte Holztüren des 7. Jh. aus Mesopotamien. Auch Athener Antike ist präsent: Im Kellergeschoss wurden Reste eines antiken Grabes und ein Teilstück der Athener Stadtmauer freigelegt.

Jüdisches Museum

▶ Karte 3, D 6/7

Odós Níkis 39, Pláka, www.jewish museum.gr, Metro: Sýntagma, Mo–Fr 9–14.30, So 10–14 Uhr, Eintritt 5 €

Gezeigt werden Kultgegenstände und Alltagsobjekte aus der über 2300-jährigen Geschichte des Judentums in Griechenland. Beeindruckend ist die Dokumentation der Judenverfolgung durch die Nationalsozialisten während des Zweiten Weltkriegs und des unterschiedlichen Verhaltens der christlichen Griechen in jener Zeit. Eingehende multimediale Erläuterungen werden auf Englisch gegeben.

Numismatisches Museum

▶ E 5

Odós El. Venizélou 12, nahe Sýntagma-Platz, Metro: Sýntagma oder Pane-

pistímio, Di–So 8.30–15 Uhr, Eintritt 3 €

Das Haus selbst ist ebenso interessant wie seine Ausstellungsobjekte. Heinrich Schliemann, der Entdecker von Troia, ließ es von Ernst Ziller im Stil der italienischen Renaissance errichten und zog im Januar 1881 mit seiner griechischen Frau Sophia dort ein. Ein Teil der Wandgemälde zeigt einige der schönsten Funde, die er bei seinen Ausgrabungen in Troia und Mykene gemacht hatte. Sein ehemaliges Domizil beherbergt jetzt eins der bedeutendsten Münz-Museen der Welt, das freilich nur einen Teil der Sammlung von über 600 000 Münzen von der Antike bis heute präsentieren kann.

Trocadero-Museumshafen

▶ Karte 2, östl. aF 1

Paléo Faliró, Metro: Néo Faliró, dann Tram in Richtung Sýntagma-Platz oder Glyfáda; alternativ Tram vom Sýntagma-Platz Richtung Néo Faliró, Haltestelle Trocadéro, Schlachtschiff ganzjährig, Mo–Fr 9–13, Sa/So 11–15 Uhr, Juni–Okt. außerdem Mo, Mi, Fr 17–19, Nov.–Mai Mo, Mi, Fr 15–17 Uhr, Eintritt2 €; Zerstörer Mo–Fr 9–13 Uhr, Mo, Mi, Fr auch 19–20 Uhr, Sa/So 10–14 und 18–20 Uhr

Das **Schlachtschiff »Averoff«** aus den Balkankriegen und dem Ersten Weltkrieg, also aus der Zeit zwischen 1910 und 1918, kann vom Maschinenraum bis zur Brücke besichtigt werden. Zahlreiche Ausstellungsstücke dokumentieren seine Schlachten. Besonders eindrucksvoll ist der opulent möblierte und im Vergleich zu den Mannschaftsunterkünften ungemein weitläufige Salon des Admirals im Heck des Schiffes. Außen wird er ganz von einem Balkon mit vergoldetem Gitter umlaufen.

Der 114 m lange **Zerstörer Velos D-16,** 1942 in den USA gebaut und 1959–1991 für die griechische Marine im Einsatz, spielte 1973 während der Zeit der griechischen Militärdiktatur eine prominente Rolle, an die an Bord vor allem erinnert wird: Seine Crew setzte sich nach einem pro-royalistischen Marineaufstand mitsamt Schiff nach Rom ab und bat dort um politisches Asyl.

Im Hafenbecken von Schlachtschiff und Zerstörer liegen auch die über 60 Jahre alte **Inselfähre ›Thális o Milísios‹,** ein uraltes **Fracht-Kaiki,** und (an Land) der Nachbau eines **antiken Kriegsschiffes** (einer sog. Triere) aus dem 5. Jh. v. Chr., das voll seetüchtig ist. Diese Schiffe können zurzeit jedoch noch nicht betreten werden.

Paparazzi und Politprominenz

Griechenlands Staatsspitze wohnt ganz zentral in der Odós Iródou Áttikou auf der Ostseite des Nationalgartens im **Proedría Dimokratías ▶** E 7. Der Staatspräsident residiert dort im ehemaligen ›Neuen Schloss‹, das 1891–1893 nach Plänen des deutschen Architekten Ernst Ziller im Stil des historischen Eklektizismus errichtet wurde. Von der Jahrhundertwende bis 1967 residierten dort Griechenlands Könige. 50 m nördlich liegt auf derselben Straßenseite die 1924 erbaute **›Megaró Máximou‹** genannte Prachtvilla. Sie ist jetzt Amtssitz des griechischen Ministerpräsidenten. Man erkennt sie in der Regel daran, dass ein Pulk von Journalisten und Fernsehteams vor dem Tor lauert. Der Garten des Präsidentenpalastes ist an den meisten Sonntagnachmittagen fürs Volk geöffnet

Ausflüge

Égina, Póros, Ídra

Wer zum ersten Mal nach Griechenland kommt und einen Kurzeindruck von der Schönheit und Vielfalt der griechischen Inselwelt gewinnen will, ist mit einer organisierten Drei-Inseln-Kreuzfahrt gut beraten. Sie führt nach Égina (Ägina), Ídra (Hydra) und Póros. Wer lieber auf eigene Faust mit dem Linienschiff fahren will, muss sich auf den Besuch einer dieser Inseln beschränken.

Égina (Ägina) ▶ Karte 6, B 2

Linienschiffe legen in der Inselhauptstadt Égina an, die an der Hafenpromenade am schönsten ist. Eine einzeln stehende Säule nordwestlich des Anlegers zeugt von einem antiken Apollon-Tempel. Er war Teil einer Siedlung, in der schon um 3000 v.Chr. die ersten Menschen lebten. Weitaus besser erhalten als diese Siedlung ist der **Aféa-Tempel** oberhalb von Agía Marína, wo die Kreuzfahrtschiffe festmachen. Von Égina-Stadt aus fahren Linienbusse am Inselkloster Ágios Nektários vorbei dorthin. Vom hoch über dem Meer gelegenen Aféa-Tempel (Náos Aféas) aus dem 5. Jh. v. Chr. stehen noch 23 Säulen aufrecht. Große Teile seiner Giebelskulpturen erwarb der bayerische König Ludwig I.; heute sind sie in der Münchner Glyptothek zu sehen. Aber auch was blieb, ist sehr eindrucksvoll.

Am Hafen von Égina-Stadt werden in vielen Läden und an zahlreichen Ständen Pistazien angeboten. Sie gedeihen hier auf der Insel, die immerhin fast 3 % der gesamten Weltproduktion auf den Markt bringt. Auch kurze Stadtrundfahrten mit der Pferdedroschke kann man hier unternehmen.

Póros ▶ Karte 6, B 2

Die Inselhauptstadt von Póros liegt nur 200 m von der Küste des Peloponnes entfernt, so dass es scheint, als handele es sich um einen See. Bedeutende Sehenswürdigkeiten gibt es hier nicht; man nutzt die Zeit für eine entspannte Stunde in einem der Ufercafés.

Ídra (Hydra) ▶ Karte 6, B 2

Ídra scheint einem Bilderbuch entsprungen zu sein. Das nahezu autofreie Inselstädtchen zieht sich vom winzigen, kreisrunden Hafen zu den kahlen Hängen empor, die von Neubauten völlig verschont geblieben sind. Repräsentative Villen, im 19. Jh. von den reichen Reedern der Insel erbaut, prägen das Ortsbild. Viele von ihnen sind im Besitz internationaler Prominenz. Es lohnt sich, die Augen mal von den Schaufensterauslagen der zahlreichen Juweliergeschäfte am Hafen abzuwenden und durch den landeinwärts gelegenen Ortskern zu bummeln – zumal die Insel außerhalb des Dorfes für Tagesbesucher nichts Interessantes zu bieten hat.

Infos

Öffnungszeiten: Aféa-Tempel April–Okt. tgl. 8–19.30, Nov.–März tgl. 8.30–17 Uhr, 4 €.

Fähren: Nach Égina stdl. ab Piräus, Platía Karaiskáki (Metro: Pireás); Fahrzeit ca. 75 Min. Einige Fähren fahren nach Póros weiter. Nach Égina, Póros und Ídra (Hydra) mehrmals tgl. per Tragflügelboot oder Katamaran ab Piräus, Aktí Miaoúli (gegenüber der Kirche Agios Spirídonos), Fahrzeit bis Égina ca. 40 Min., bis Ídra ca. 95 Min., Fahrplan mit Reservierungsmöglichkeit unter www.hellenicseaways.gr.
Drei-Insel-Kreuzfahrt: Reisebüros und Hotels bieten Tageskreuzfahrten mit konventionellen Passagierschiffen nach Ídra, Póros und Égina an, in deren Preis auch der Transfer zwischen Hotel und Hafen sowie das Mittagessen an Bord inbegriffen sind.

Kap Soúnio ▶ Karte 5, E 6

Eine Halbtagestour, die man außer mit dem klimatisierten Ausflugsbus auch problemlos mit dem günstigeren Linienbus unternehmen kann, führt an die Spitze der Halbinsel Attika. Dort stehen die Säulen eines klassischen Poseidon-Tempels auf einem Kap unmittelbar am Übergang des Saronischen Golfs in die offene Ägäis. Er wurde 444–440 v. Chr. erbaut. Besonders romantisch ist der Anblick des berühmten Tempels zur Zeit des Sonnenuntergangs.

Infos

Öffnungszeiten: Mai–Sept. tgl. 10–16.30, sonst 8–15 Uhr, Eintritt 4 €.

Póros besitzt eine der schönsten Inselstädte Griechenlands

Linienbusse: Ab Platía Egyptou 14, Ecke Odós Mavromatéon (nahe Metrostation Victória), 6–19.30 Uhr etwa stündlich. Manche Busse nehmen die Küstenroute am Saronischen Golf, andere die Inlandsroute über Lávrio, sodass eine Rundfahrt möglich ist. Die Busse auf der Küstenroute (Attica Regional Bus, Linie 9) halten auch im Stadtzentrum in der Odós Filéllinon 10 (E 6) nahe dem Sýntagma-Platz zwischen der Odós Xenofóntos und der Odós Navárchou Nikodímou sowie an der Platía Klafthmónos (D 4–5). Sie verkehren zwischen ca. 6.30 und 19.30 Uhr stündlich. Tickets (ca. 7 €) im Bus, Fahrzeit einfach ca. 80–100 Min.

Attika-Rundfahrt

Für archäologisch interessierte Urlauber lohnt sich eine Mietwagen-Rundfahrt durch Attika, die historisch schon seit der Antike zu Athen gehörende Landschaft rund um die Metropole. Wer nicht den Mut hat, sich in den Athener Straßenverkehr zu stürzen, kann den Mietwagen auch am Flughafen übernehmen und zurückgeben und vermeidet so Fahrten durch die Stadt.

Marathon ▶ Karte 5, D 2

Zunächst fährt man auf der Autobahn (National Road) Athen-Thessaloníki bis zur Ausfahrt Ágios Stéfanos/Marathónas. Man passiert den in Wälder eingebetteten **Stausee von Marathon,** der Athen mit Trinkwasser versorgt. Die Staumauer, über die auch die Straße führt, ist ganz aus Marmor erbaut. Man durchquert die Kleinstadt **Marathónas.** Am Ortsausgang in Richtung Néa Makrí liegt rechter Hand ein kleines Stadion, in dem alljährlich im November der Athener Marathonlauf gestartet wird. Auch die olympischen Marathonläufe während der Spiele 2004 begannen hier.

Kurz darauf zweigt nach links die Straße nach **Schiniás** ab, wo 2004 die olympischen Ruderwettbewerbe stattfanden. Der lange Sandstrand wird hier von einem breiten Kiefern- und Pinienwald gesäumt. In der Antike war das gesamte Areal ein großes Sumpfgebiet. Nach der Schlacht von Marathon 490 v. Chr. kamen in ihm zahlreiche fliehende Perser ums Leben. Der antike Grabhügel für die in dieser Schlacht gefallenen 192 Athener liegt rechts der Straße von Schiniás Richtung Néa Mákri.

Brauron ▶ Karte 5, E 4

Über Néa Mákri gelangt man nun ins Hafenstädtchen **Rafína** und dann über **Loútsa** (Artémida) mit gutem Sandstrand weiter nach **Vravróna.** Dort lohnen die Ausgrabungen von **Brauron** einen Besuch. Brauron war im Altertum vor allem ein Pilgerziel für schwangere Frauen, in dem die Göttin Artemis und ihre legendäre Priesterin Iphigenie verehrt wurden. Ein bedeutendes technisches Baudenkmal der Antike ist in der Nordwestecke auf dem heutigen Bodenniveau zu entdecken: eine Straßenbrücke, die Mitte des 5. Jh. v. Chr. errichtet wurde.

Markópoulo ▶ Karte 5, E 4

Weiter im Inland liegt Markópoulo; die moderne marmorne Brunnenanlage auf dem Hauptplatz des Städtchens kombiniert antike, mittelalterliche und klassizistische Baustile zu einem bizarren Monument. Aus dem 18. Jh. stammen die Wandmalereien in der nahen Kirche Agía Thékla.

Thórikos ▶ Karte 5, E 5

Das Meer wird dann nahe Thórikos wieder erreicht (Wegweiser zum Kraftwerk folgen). Dort kann man einen Blick in einen Stollen eines antiken **Silberbergwerks** werfen. Gleich daneben ist eine rekonstruierte antike Silbererzwaschanlage zu sehen. Sie liegt unmittelbar neben dem schon aus der Ferne auffallenden **Theater,** das erstmals in der Mitte des 5. Jh. v. Chr. angelegt wurde. Es bot 5000 Zuschauern Platz. Seine Form ist einzigartig: Es ist nicht wie sonst üblich halbrund, sondern nur leicht gekrümmt und länglich.

Vouliagméni ▶ Karte 5, C/D 4

Über die Hafenstadt **Lávrio** geht die Fahrt weiter zum **Kap Soúnio** (s. S. 77) und dann an der Küste des Saronischen Golfes entlang nach **Vouliagméni.** Kurz vor Erreichen dieses Ortes liegt rechts an der Küstenstraße ein kleiner See vor niedrigen Felsen. In seinem ganzjährig mindestens 20 °C warmen Wasser kann man schwimmen oder im markierten flacheren Teil ganz einfach nur die Heilkraft des Thermalwassers nutzen, bevor man ins Zentrum Athens oder zum Flughafen zurückkehrt.

Infos

Öffnungszeiten: Brauron Di–So 8.30–15 Uhr; Thórikos April–Okt. Mo 12–19, Di–So 8–19, Nov.–März Di–So 8.30–15 Uhr. Kirche von Markópoulo, See von Vouliagméni und Grabhügel von Marathon tagsüber geöffnet. Eintritt Brauron 3 €, See von Vouliagméni 5 €.

Korinth und Argolis

Die Argolis ist eine der historischen Kernlandschaften des Peloponnes. Antike Stätten von Weltrang wie Mykene und Epidaurus liegen hier dicht beieinander. Das Zentrum der Region ist Náfplio (Nauplia), eins der schönsten Städtchen Griechenlands. Organisierte Touren in die Argolis werden von Athen aus als Tagesausflüge angeboten. Wer die Argolis mit dem Mietwagen erleben will, plant besser eine Zwischenübernachtung in Náfplio ein.

Kanal von Korinth

Ein erster Zwischenstopp ist am Kanal von Korinth fällig. Wer auf der Autobahn von Athen nach Korinth unterwegs ist, sollte sie auf der Festlandsseite über die Ausfahrt Loutráki verlassen, um auf die parallel verlaufende alte Nationalstraße zu kommen, an der an der Straßenbrücke über den Kanal geparkt werden kann.

Der 1893 fertig gestellte Kanal ist 6,3 km lang und 24 m breit. Schnurgerade zieht er sich zwischen bis zu 76 m hohen, senkrecht aufsteigenden Felswänden hin. Wer mutig ist, springt von der Kanalbrücke am Bungee-Seil in die Tiefe (Zulu Bungy, Tel. 694 630 14 62, www.zulubungy.com, Juni–Sep. Di–So 10–18 Uhr; April, Mai, Okt. nur Sa/So 10–16 Uhr, ca. 60 €). Wer lieber geruhsam große Schiffe ganz aus der Nähe sieht, setzt sich in eins der Cafés am Ausgang des Kanals zum Saronischen Golf hin, wo die großen Pötte in nur 10 m Entfernung am Betrachter vorbeiziehen (hinter der Kanalbrücke dem Wegweiser nach Isthmía folgen). Dienstags zwischen 10 und 16 Uhr wird man allerdings vergeblich auf Schiffe warten, dann ist der Kanal routinemäßig für Wartungsarbeiten gesperrt.

Alt-Korinth ▶ Karte 6, A 1

Die neue Stadt Korinth kann man getrost in Richtung Pátra umfahren und dann die Ausfahrt nach ›Ancient Kórinthos‹ nehmen, die zu den Ausgrabungen des antiken Korinth im heutigen Dorf Archéa Kórinthos führt. Im 7. und 6. Jh. v. Chr. war sie Griechenlands bedeutendste Festlandsstadt, gründete besonders viele griechische Kolonien im

Blick auf Náfplio von der Palamídi-Festung

Mittelmeer- und Schwarzmeerraum und war das Zentrum der griechischen Keramikherstellung. 146 v. Chr. wurde sie von den Römern völlig zerstört. Julius Caesar ließ sie wieder aufbauen. Fortan war Korinth Sitz des römischen Statthalters in Griechenland und damit bis ins 4. Jh. n. Chr. griechische Hauptstadt. Der Apostel Paulus war hier mehrmals predigend zu Gast und begründete damit die Gemeinde, an die er die Korintherbriefe des Neuen Testaments schickte.

Man sieht einen griechischen und einen römischen Tempel, die Überreste zweier Brunnenanlagen und an der antiken Agorá, also dem Marktplatz, die Bema genannte Empore, von der aus der Apostel der Legende nach den Korinthern predigte. Das **Archäologische Museum** auf dem Grabungsgelände präsentiert neben Vasen im korinthischen Stil aus dem 7./6. Jh. v. Chr. vor allem Fundobjekte aus römischer Zeit. Bei genügend Zeit lohnt die Auffahrt auf den markanten Burgberg **Akrokorinth** mit den gewaltigen Außenmauern einer ausgedehnten Festungsanlage. Ansonsten geht es von Archéa Kórinthos über die Landstraße weiter in Richtung Árgos. Ein Abstecher führt nach Mykene.

Mykene ▶ Karte 6, A 2
Mykene war das Zentrum der ersten Hochkultur auf dem Boden des europäischen Festlands. Heinrich Schliemann legte 1876 die ersten Teile der mächtigen Burg frei, von der aus kriegerische Könige einen lockeren Bund aus kleinen Königreichen beherrschten, der zwischen etwa 1400 und 1200 v. Chr. den gesamten Peloponnes und weite Teile der Ägäis kontrollierte. Homer und die Dichter der klassischen Antike haben die blutrünstigen Geschichten erzählt, in deren Mittelpunkt Atreus, Agamemnon, Orest und Frauen wie Elektra und Klytaimnestra stehen. Die Nachfolgesiedlung Mykínes ist heute ein kleines Dorf am Rande der fruchtbaren argivischen Ebene, das nahezu ausschließlich vom Tourismus lebt.

Im **Ausgrabungsgelände** besichtigt man den alten Burgberg mit dem Löwentor, den Kreis der Königsgräber, die Überreste des Herrscher-Palastes, mehrere bienenkorbartige Thólos-Gräber sowie das kleine, moderne Grabungsmuseum (dort auch WC).

Náfplio (Nauplia) ▶ Karte 6, A 2
Náfplio ist dann ideal für eine späte Mittagspause. Von 1829 bis 1834 war es die erste Hauptstadt des von der Türkenherrschaft befreiten Griechenland. Enge Gassen und viele stattliche Bauten aus dem 19. Jh. prägen zusammen mit zwei erhalten gebliebenen Moscheen das Gesicht der Altstadt, die von zwei mächtigen venezianisch-türkischen Burgen überragt wird. Zahllose Tavernen, Kunsthandwerksläden und Boutiquen laden zum Bummeln und Verweilen ein. Es gibt mehrere interessante Museen: eine Kunstgalerie mit Werken griechischer Maler des 19. und 20. Jh., das Archäologische Museum in einer alten venezianischen Kaserne, ein Kriegsmuseum in der ältesten Militärschule Griechenlands, ein Ethnologisches Museum und ein Komboloi-Museum. Am Arvanitía Beach kann man sogar altstadtnah baden. Lohnenswert ist auch ein Besuch der Ouzo-Destillerie Karonis am Stadtrand, wo man alles darüber erfährt, wie der berühmte griechische Anisschnaps entsteht, und wo man ihn natürlich auch verkosten kann.

Epidaurus ▶ Karte 5, A 2
Eine Autostunde hinter Nafplio liegen bei Ligoúrio die Ausgrabungen des antiken Epidaurus (gr. Epídavros) in einem Hochtal zwischen sanften Hügeln. Noch heute strahlen die weitläufigen Ruinen zwischen Pinien und Zypressen, einst einer der bedeutendsten Kurorte des Altertums, viel Ruhe in lieblicher Landschaft aus. Mehrere antike Bauten werden hier zurzeit rekonstruiert. So erhält der Besucher ein anschauliches Bild vom einstigen Aussehen der Stätte.

Griechen und Römer verehrten in Epidaurus mehrere Götter, allen voran aber den Heilgott Asklipios (Äskulap), einen Sohn des Apoll. Für die Besichtigung sollte man sich zwei Stunden Zeit nehmen. Im Gelände erleichtern Übersichtspläne die Orientierung. Ein Highlight ist das sehr gut erhaltene **Theater** aus dem 3. Jh. v. Chr., das im 2. Jh. v. Chr. auf 55 Sitzreihen erweitert wurde und etwa 13 000 Zuschauern Platz bot. Noch heute ist die Akustik bewundernswert: Lässt man in der kreisrunden Orchestra Münzen fallen, kann man selbst in der obersten Reihe die verschiedenen Münzen noch an ihrem Klang unterscheiden. Ein Erlebnis sind Aufführungen antiker Dramen in diesem Theater (s. S. 19).

Infos
Öffnungszeiten: Alt-Korinth April–Okt. tgl. 8–19.30, Nov.–März tgl. 8.30–15 Uhr (6 €); Mykene April–Okt. Mo

12–19.30, Di–So 8–19.30, Nov.–März tgl. 8.30–15 Uhr (8 €); Epidaurus April–Okt. tgl. 8–19.30, Nov.–März tgl. 8–17 Uhr (6 €); Ouzo-Destillerie Karonis Mai–Okt. tgl. 8–15 und 17–20 Uhr, www.karonis .gr.

Linienbusse: Linienbusse von Athen in die Argolis ab Busbahnhof Odós Kifissoú 100, Tel. 210 513 45 88, nach Mykene (ca. 11 €) und Náfplio (ca. 13 €) 7.30–20.30 Uhr stündlich, nach Epidaurus (ca. 12 €) 2 x tgl. von Náfplio nach Epidaurus und Mykene mehrmals tgl. mit Regionalbussen.

Übernachtung in Nauplia

Athéaton: Náfplio, Odós Ang. Terzáki 31, Tel. 27520 215 57, www.atheaton.com, DZ Ü/F je nach Größe 35–70 €. Kleine Pension mit 10 ganz unterschiedlichen Zimmern; sauber, familiär und ruhig.

Kapodístrias: Odós Kokkinoú 20, Tel. 27520 293 66, www.hotelkapodistrias.gr, DZ Ü/F 70–100 €. Stilvolles Hotel mit 10 Zimmern in historischem Haus, Frühstücksterrasse mit Meerblick, Hunde willkommen.

Ilíon: Náfplio, Odós Kapodistríou 6, Tel. 27520 244 97, www.ilionhotel.gr, DZ Ü/F ca. 110–180 €. Kleines, traditionelles Hotel mit 10 Suiten und 5 Studios in Altstadthäusern. Stilvoll eingerichtete Zimmer mit Klimaanlage, Balkon, Veranda oder Zugang zum Innenhof.

Délfi ▶ Karte 6, A 1

Das vor allem durch sein Orakel berühmt gewordene Délfi gilt als einer der Höhepunkte jeder klassischen Griechenland-Rundreise. Die weitläufigen Ausgrabungen erstrecken sich über einen steilen Hang vor imposanter Felskulisse und bieten einen herrlichen Blick über Olivenhaine aufs Meer und die dahinter aufsteigenden Gebirge des Peloponnes. Das Museum birgt Kunstschätze von Weltrang. Bei organisierten Ausflügen von Athen aus hat man die Wahl zwischen Ein- und Zweitagestouren. Selbstfahrer und Linienbusreisende planen auf jeden Fall besser eine Zwischenübernachtung in Délfi ein.

Délfi war in der Antike ein bedeutender Wallfahrtsort. Hier wohnte dem Mythos nach Apoll, der schöne Gott des Lichts und der Künste. Hier saß ein Orakel, das von Staatsmännern und Privatleuten um Rat gefragt wurde, wenn es galt, weitreichende Entscheidungen zu treffen. Und hier fanden alle vier Jahre die Pythischen Spiele statt, sportliche und musische Wettkämpfe ähnlich denen in Olympia.

Heiligtum

Das antike Heiligtum erstreckt sich über 300 Höhenmeter an den steilen Hängen des Parnass-Gebirges. Eine Besichtigung beginnt man am besten am fotogenen **Rundtempel der Athena Pronaia** aus dem 4. Jh. v. Chr. Drei seiner einst 20 Säulen wurden 1938 fotogen wieder aufgerichtet. Danach steigt man auf der anderen Straßenseite am Gymnasium entlang und vorbei an den ehemaligen Schatzhäusern, die die verschiedenen griechischen Städte gestiftet haben, zum **Apollon-Tempel** hinauf. Von diesem Bau aus der Mitte des 4. Jh. v.Chr. stehen noch sechs seiner einst 38 Säulen aufrecht.

In diesem Tempel saß in der Antike in einer Art Krypta die Pythia, die Priesterin des Gottes Apollon, und verkündete Hilfesuchenden ihr Orakel. Sie hockte dabei neben einem Dreifußkessel und versetzte sich durch das Kauen von Lorbeerblättern in einen Rauschzustand. Priester vernahmen, was sie stammelte, fassten es in verständliche Worte und überbrachten die meist äußerst zweideutige Botschaft den vor dem Tempel wartenden Fragestellern.

Vom Tempel führt der Weg weiter steil bergan zum Theater, das einst 5000 Zuschauern Platz bot. Durch ein kleines Wäldchen geht es schließlich noch weiter bergan zum Stadion aus römischer Zeit.

Museum

Am Weg ins Dorf steht dann das Museum. Zu seinen größten Schätzen zählen die lebensgroße Bronzefigur eines Wagenlenkers (um 470 v. Chr.), die Marmorstatue des schönen Jünglings Antinoos (2. Jh.) und die marmorne Sphinx der Naxier (um 560 v. Chr.). Den Mittelpunkt der Welt, als der Delfi in der griechischen Antike galt, kennzeichnete der Ómphalos genannte, halbovale und mit einem Reliefgeflecht überzogene Stein.

Ósios Loúkas ▶ Karte 5, A 1

Auf der Rückfahrt nach Athen kann man noch einen Abstecher zum Kloster Ósios Loúkas mit Wandmalereien und Mosaiken auf Goldgrund aus dem 11. Jh. unternehmen. Sie gelten als einzigartige Meisterwerke der mittelbyzantinischen Epoche.

Infos

Öffnungszeiten: Gelände April–Okt. tgl. 8–19.30, Nov.–März tgl. 8.15–15 Uhr, Museum evtl. Mo erst ab 12 Uhr; Kloster Ósios Loúkas Di–So 8–17 Uhr.
Eintritt: Gelände und Museum 9 €, Kloster Ósios Loúkas 3 €.
Linienbusse: Ab Busbahnhof Odós Liossíon 260, Tel. 210 831 70 96, 6 x tgl., erster Bus hin 7.30 Uhr, letzter Bus zurück 17.30 Uhr, Fahrzeit ca. 3–4,5 Stunden, Ticket ca. 15 €. Ósios Loúkas ist nicht per Linienbus erreichbar.

Übernachten in Délfi

Olympic: Odos Pávlou & Frideríkis 59, Tel. 266 508 27 93, www.olympic-hotel.gr, DZ Ü/F ab 60 €. Freundlich-familiär, zentral; viele der 20 Zimmer mit Meerblick, in unteren Etagen mit großem Balkon.
Iniohos: Odós Pávlou & Frideríkis 19, Tel. 22650 827 10, www.delphihotels.eu, DZ Ü/F ab ca. 50 €. Zentrale Lage, 23 Zimmer.

Der Tholos, ein Rundtempel der Athena Pronaia in Délfi

Zu Gast in Athen

Jeder zweite Athener scheint Wirt, Kellner oder Ladenbesitzer zu sein. Diese Seiten geben Ihnen immer wieder neu getestete Tipps für kulinarische Genüsse, gute Einkäufe und beste Unterhaltung am Abend – und sagen Ihnen auch, wo sie sich gut und möglichst ruhig betten können.

Übernachten

Wo man am besten wohnt

Besonders viele Hotels der mittleren und unteren Preisklasse liegen im zentralen Altstadtviertel Pláka zu Füssen der Akropolis. Hier ist man nahe an den Sehenswürdigkeiten, hat eine Riesenauswahl an Tavernen und gute Verkehrsverbindungen. In diesem Bereich stehen besonders viele Hotels an der lauten Odós Mitropóleos und an der sehr viel ruhigeren Parallelstraße, der Odós Apóllonos. Sehr zentrumsnah wohnt man auch in den Vierteln Thisío, Omónia und Kolonáki. Die meisten Luxushotels liegen mit Ausnahme der Häuser am Sýntagma-Platz und in Kolonáki so weit von den touristisch interessanten Plätzen entfernt, dass man sie kaum zu Fuß erreichen kann. Außerhalb von Athen zu wohnen lohnt nur, wenn man auch Badeurlaub machen will. Dann sind die Küstenorte zwischen Glyfáda und Vouliagméni wegen ihrer guten Verkehrsanbindung ins Zentrum am besten geeignet.

Hotelklassifizierung und Preise

Alle Hotels werden von der Griechischen Zentrale für Fremdenverkehr (EOT) klassifiziert. Die Kategorien reichen von Luxus über A bis hinunter zu E. Die Kategorien sagen zwar etwas über die Zimmergröße, die Ausstattung der Zimmer und Bäder sowie die vorhandenen allgemeinen Hoteleinrichtungen aus, jedoch nicht über Zustand, Ambiente und Service. Über den Preis geben sie nur eine grobe Orientierung. Die Preise sind ohnehin von der Aufenthaltsdauer und sehr stark von der aktuellen Nachfrage abhängig. So lagen sie im ersten Halbjahr des Krisenjahres 2010 fast um die Hälfte niedriger als im Jahr zuvor. Auch unsere Preisangaben können nur einen Anhaltspunkt geben.

Hotelreservierung

Hotels reserviert man am besten nach gründlichem Preisvergleich übers Internet. Oft wird dabei eine Kreditkartennummer verlangt, sodass der Preis für die erste Übernachtung abgebucht werden kann, wenn der Gast nicht erscheint. Auf ihren Homepages veröffentlichen viele Hotels keine Preise, sondern teilen sie tagesaktuell auf E-Mail-Anfrage mit. Immer lohnend ist ein Blick auf die Seiten von www.hotel.de, www.hrs.de, www.attika.de, www.opodo.de und www.booking.com. Links zu zahlreichen Hotels enthält auch die offizielle Hotelliste der Hellenic Chamber of Hotels, www.grhotels.gr.

Auf besonders preiswerte Quartiere spezialisiert sind Seiten wie www.budgetplaces.com und auch www.travellerspoint.com.

Über Campingplätze in Stadtnähe informieren www.panhellenic-camping-union.gr und www.greececamping.org. Touristeninformationen vermitteln in Griechenland keine Unterkünfte.

Günstig und nett

Sehr schlicht – **Acrópolis House:** ■ **Karte 3, D 6,** Odós Kodroú 6–8, Pláka, Tel. 210 322 23 44, www.acropolishouse.gr, Metro: Sýntagma, DZ ab 40 €, 19 Zimmer. Nichtraucher-Hotel. Klimatisierte Zimmer mit älterem Mobiliar in einem schlichten klassizistischen Haus und dessen etwas jüngerem Anbau, teilweise mit Balkon. Bäder zum Teil nicht en suite, sondern am Flur. An einer Fußgängergasse gelegen, daher ruhig. Waschmaschinenbenutzung ab viertem Aufenthaltstag kostenlos.

Frühstück mit Aussicht – **Adónis:** ■ **Karte 3, D 6,** Odós Kodroú 3, Pláka, Tel. 210 324 97 37, www.hotel-adonis.gr, Metro: Sýntagma, DZ ab 40 €, 26 Zimmer. Schlicht, aber sauber und ruhig an einer Fußgängerzone gelegen. Zimmer z. T. mit Balkon, auch Zimmer mit Verbindungstür. Schöner Frühstücksraum im obersten Geschoss mit Blick auf die Akropolis und den Lykavittós.

Nahe am Flohmarkt – **Adrian:** ■ **Karte 3, C 6,** Odós Adrianoú 74, Pláka, Tel. 210 322 15 53, www.douros-hotels.com, Metro: Monastiráki, DZ ab 135 €, 22 Zimmer. Nahe dem Turm der Winde. Klimatisierte Zimmer mit Balkon und Doppelfenstern. Das Frühstück wird im Sommer auf dem Dachgarten mit Akropolis-Blick serviert. Der vor dem Hotel gelegene Platz, die Platía Agorás, gleicht einem einzigen großen Straßencafé, ist aber nicht ganz leise.

Elegant – **Athens Cypria:** ■ **D 5/6,** Odós Diomías 5, Sýntagma, Tel. 210 323 80 34, www.athenscypria.com, Metro: Sýntagma, DZ ab 110 €, 71 Zimmer. Modernes Hotel mit vielen Zimmern, die sich miteinander verbinden lassen und daher gut für Familien geeignet sind, Preisnachlass für Kinder unter 12 Jahren.

Viele Stammgäste – **Byron:** ■ **Karte 3, D 7/8,** Odós Výronos 19, Pláka, Tel. 210 323 03 27, www.hotel-byron.gr, Metro: Akrópoli, DZ ab 120 €, 23 Zimmer. Familiär geführt, relativ ruhig und sehr zentral. Viele Zimmer haben entweder Blick auf die Akropolis oder auf den Lykavittós, Frühstücksterrasse auch mit Akrópolis-Blick.

Modern und sehr gepflegt – **Central:** ■ **Karte 3, D 6,** Odós Apóllonos 21, Pláka, Tel. 210 323 43 57, www.centralhotel.gr, Metro: Sýntagma, DZ ab 93 €, 84 Zimmer. Hotel in zentraler Altstadtlage. Viele der relativ kleinen, aber gut eingerichteten Zimmer sind ruhig zu schmucklosen Innenhöfen hin gelegen. Einige Zimmer mit Akropolis-Blick, aber über einem Schulhof (Schulferien Mitte Juni–Mitte September). Besonders ruhig mit Blick auf eine direkt vorgelagerte Kirchenkuppel: Zimmer 105.

Sehr freundlich – **Hermes:** ■ **Karte 3, D 6,** Odós Apollónos 19, Pláka, Tel. 210 322 27 06, www.hermeshotel.gr, Metro: Synagma, DZ ab 135 €, 45 Zimmer. Ruhig gelegenes Haus mit ausgesprochen freundlicher Rezeption, oft frühzeitig ausgebucht.

Mit eigenem Reisebüro – **Omirós:** ■ **Karte 3, D 6.** Odós Apóllonos 15, Pláka, Tel. 210 323 54 86, www.omiroshotel.gr, Metro: Sýntagma, DZ ab 110 €, 37 Zimmer. Zentral und doch ruhig gelegen, Dachgarten mit Akropolis-Blick.

Akropolis frontal – **Phidías:** ■ **A 6,** Odós Apóstolou Pávlou 39, Thisío, Tel. 210 345 95 11, www.phidias.gr, Metro: Thisío, DZ ab 70 €, 15 Zimmer. An einer breiten Fußgängerpromenade gegenüber der Akropolis ruhig gelegen. Die einfachen Zimmer werden alle drei Jahre renoviert. Großen Komfort darf man nicht erwarten, dafür bieten die meisten Zimmer einen unvergleichlichen Blick auf den Athener Götterfelsen. Die Szeneviertel Psirri, Keramikós und Gazi sind nur ein paar Gehminuten entfernt, viele Straßencafés.

Travellers Treff – **Student's & Travellers Inn: ■ Karte 3, D 7,** Odós Kydathinéon 16, Pláka, Tel. 210 324 48 08, www.studenttravellersinn.com, Metro: Sýntagma, DZ ohne Bad ab 68 €, mit Bad ab 73 €, ohne Frühstück, 45 Zimmer. An einer der belebtesten Fußgängergassen der Pláka gelegen, Ein- bis Vierbettzimmer. Frühstücksbuffet im Innenhof, Internet-Zugang kostenlos.

Für Backpacker – **Témpi: ■ C 5,** Odós Eólou 29, Emborikó Trígono, Tel. 210 321 31 75, www.tempihotel.gr, Metro: Sýntagma, Monastiráki, DZ ohne Bad ab 57 €, mit Bad ab 64 €, 24 Zimmer. Von Travellern aus aller Welt gern besuchtes, ruhig gelegenes Backpacker-Hotel in zentraler Lage, auch von Lonely Planet und Guide du Routard wärmstens empfohlen. Mit Gemeinschaftsküche und kleinem Dachgarten mit Akropolis-Blick. Gepäckaufbewahrung während Exkursionen.

Stilvoll wohnen

Apartments – **Ava: ■ Karte 3, D 7,** Odós Lysikrátous 9–11, Pláka, Tel. 210 325 90 00, www.avahotel.gr, Metro: Akropoli, Apartments mit Frühstück ab ca. 210 €. Das kleine Apart-Hotel mit 32 Wohneinheiten bietet Apartments mit grundsolider, hochwertiger Möblierung und Küchenzeile, die von Geschäftsreisenden gern auch für längere Aufenthalte gebucht werden. Man schläft ruhig und zentral, der Service ist ausgesprochen freundlich.

Künstlerisch inspiriert – **Classical Baby Grand: ■ C 4,** Athinás 65, Omónia, Tel. 210 325 09 00, www.classicalhotels.com, Metro: Omónia, DZ ab 150 €, Sonderangebote für Juli und August im Internet, 76 Zimmer. Schon Bar und Restaurant auf Straßenniveau versetzen den Gast in eine hypermoderne Zauberwelt. Die Rezeptionisten stehen hinter Oldtimer-Hälften, die Zimmerwände sind von Graffiti-Künstlern aus aller Welt gestaltet. Sie sind alle vom preiswertesten Raum mit Seitenstraßen-Blick bis zur Penthouse-Suite mit vollem Akropolis-Blick eine Designer-Welt für sich. Ein originelleres First Class-Hotel gibt es in der ganzen Athener City nicht. Lufthansa Miles&More-Mitglieder verdienen hier auch Meilen.

Luxus in der Altstadt – **Electra Palace: ■ Karte 3, D 6,** Odós Navárchou Nikodímou 18, Pláka, Tel. 210 337 00 00, www.electrahotels.gr, Metro: Sýntagma, DZ ab 230 €, 155 Zimmer. Einziges Fünf-Sterne-Haus in der Pláka und damit das beste Altstadt-Hotel. Exklusives Wellness-Center mit Indoor-Pool, Sauna, Whirlpool, Fitnessraum und Massage angeboten. Tiefgarage. Das Personal wirkt leider etwas steif und vornehm-distanziert.

Jung und stylish – **Fresh: ■ C 4,** Odós Sofokléous 26/Ecke Odós Klisthénous, Marktviertel, Tel. 210 524 85 11, www.freshhotel.gr, Metro: Omónia, DZ ab 160 €, 133 Zimmer. Athens spritzigstes Design-Hotel in unmittelbarer Nähe der Markthallen – und leider auch in einem nächtlichen Zentrum Drogensüchtiger.

Nachts kehrt man hierher besser mit dem Taxi als zu Fuß zurück. Internetanschluss in allen der 22–40 m² großen Zimmer. Pool und Roof Bar in der neunten Etage, Restaurant mit griechischer Nouvelle Cuisine, Tiefgarage.

Staatstragend – **Grande Bretagne: ■ E 5,** Platía Syntágmátos, Tel. 210 333 00 00, www.grandebretagne.gr, Metro: Sýntagma, DZ ab ca. 295 €, 320 Zimmer und Suiten. Der zuletzt 2003 total renovierte und modernisierte Prachtbau schräg gegenüber von Parlament und ehemaligem Königsschloss wurde 1862 als Gästehaus des Monarchen errichtet und dient seit 1872 als Hotel. Während des Zweiten Weltkriegs war hier das deutsche Hauptquartier eingerichtet, nach dem Sturz der Diktatur 1974 regierte Konstantin Karamanlís Hellas zunächst von hier aus. Natürlich gibt es Suiten jeder Größe, außerdem Pool, Hallenbad und (auch für Nicht-Hotelgäste zugängliches) Wellness-Center. Butler-Service, Limousinen-Service und Suiten mit offenem Kamin können gebucht werden.

Aussichtsreich – **St. George Lycabettus: ■ G 4/5,** Odós Kleoménous 2, Kolonáki, Tel. 210 729 07 11, www.sglycabettus.gr, Metro: Sýntagma, Zimmer mit Lykavittós-Blick ab 162 €, mit Akropolis-Blick ab 200 €, 158 Zimmer. Das 1973 erbaute und 2001 komplett renovierte Haus liegt am oberen Rand des Nobelviertels Kolonáki unmittelbar am Hang des Lykavittós, etwa zehn Gehminuten vom Sýntagma-Platz entfernt. Man kann zwischen Zimmern und Suiten mit Akropolis- oder mit Lykavittós-Blick wählen (die günstigsten Zimmer liegen aber ohne Aussicht zu einem Innenhof hin). Die Präsidentensuite in der sechsten Etage misst 100 m² und bietet eine 40 m² große private Veranda. Auf dem Dach gibt es einen Pool und in der obersten Etage ein Gourmet-Restaurant. Garage für 100 Autos; mehrmals täglich fährt ein Shuttle-Bus ins Stadtzentrum.

Design-Hotel der besonderen Art: Classical Baby Grand

Essen und Trinken

Kulinarische Vielfalt

In diesem Jahrtausend hat sich Athen kulinarisch zur Weltstadt gemausert. Die Reiselust und Spendierfreudigkeit der Griechen sowie die vielen Immigranten im Lande haben die Restaurant-Szene kräftig aufgemischt. Von der einfachen Kellertaverne und der kleinen Gyros-Bude am Straßenrand bis zum Sterne-Restaurant und der Sushi Bar ist alles zu finden. Creperien sind groß in Mode. Man kann für 6 € satt werden, aber auch 90 € dafür bezahlen. Restaurants und Tavernen gibt es überall – nur selten bewegt man sich weiter als 300 m von der nächstgelegenen »Futterstelle« entfernt.

Essenszeiten

Hungern muss man in Athen nie. In guten Hotels werden üppige Frühstücks-Buffets aufgebaut, auf dem Weg zur Arbeit holen sich die Athener in den vielen Bäckereien duftend heiße Blätterteigtaschen mit den verschiedensten Füllungen oder Croissants. Die meisten Tavernen sind von 11 oder 12 Uhr morgens bis Mitternacht durchgehend geöffnet. Wer in der Nacht hungrig wird, geht in die Hallen des Zentralmarkts oder in eine der *patsadídiko* genannten Lokale an den großen Ausfallstraßen, die vor allem kräftige Suppen wie die Kuttelsuppe *patsá* servieren.

Die Athener selbst gehen spät zum Essen. Mittags füllen sich die Tavernen der Einheimischen ab etwa 14 Uhr, abends im Sommer ab 22 Uhr; im Winter vielleicht ein Stündchen früher. Reservierungen sind nur für Gourmet-Restaurants üblich oder für Tischgesellschaften von mehr als zehn Personen.

Bestellen und bezahlen

Die Speisekarten sind meist auf Englisch und Griechisch, doch besser lässt man sich vom Kellner aufzählen, was es alles gibt, oder man schaut dort, wo vorhanden, in den Warmhaltetresen mit dem Tagesangebot und stellt sich sein Essen zusammen. Menü-Angebote gibt es nur in ausgesprochenen Touristenlokalen und in Gourmet-Restaurants.

Normalerweise ordert man Fleisch oder Fisch, Gemüse und andere Beilagen nach Wahl – und bekommt sie alle getrennt auf verschiedenen Tellern serviert. Salat- und Gemüseportionen sind meist so groß, dass man auch zu zweit davon essen kann. Man bestellt also besser zwei verschiedene Gemüseteller als zweimal den gleichen.

Will man bezahlen, bringt der Kellner meist eine Rechnung für den ganzen Tisch. Will man getrennt zahlen, merkt man das besser schon bei der Bestellung an. Das Wechselgeld lässt man sich zunächst bringen, das Trinkgeld dann beim Gehen auf dem Tisch liegen.

Griechische Küche

Die vielen kleinen Vorspeisen, die zusammen auch schon ein ganzes Mahl ergeben, prägen zusammen mit Gerichten aus dem Backofen und Fleisch und Fisch vom Holzkohlengrill die griechische Küche. Olivenöl wird reichlich für gekochte Gemüse und Salate verwendet. Als Salate werden auch viele Pürees bezeichnet, z. B. das Fischrogenpüree *taramosaláta* oder das Knoblauch-Kartoffel-Püree *skordaljá*. Gemüse wie Tomaten, Paprika, Auberginen, Zucchinis und Zucchiniblüten werden oft mit Reis und Hackfleisch oder auch rein vegetarisch gefüllt. Aufläufe sind ebenso beliebt wie unterschiedlich gefüllte, *píttes* genannte Teigfladen. Ein eher moderner Trend sind Kroketten aus Gemüse, Fleisch oder auch Oktopus.

Ouzerí und Mezedopolío

Besonders zahlreich ist die Auswahl an Gerichten in kleineren Portionen in den ›Ouzerí‹ oder ›Mezedopolío‹ genannten Lokaltypen. In manchen dieser Lokale kommt der Kellner sogar mit einem Tablett an den Tisch, von dem man seine Gerichte wählt. Zu trinken gibt es dazu bei Weitem nicht nur Ouzo, sondern auch alle anderen Getränke.

Griechische Weine

Anders als noch vor 15 Jahren gibt es jetzt in Hellas neben den Großkellereien wie Cámbas, Tsantális, Achaía Clauss und Boutári auch eine Vielzahl kleiner Winzer, die exzellente – zumeist trockene – Weine produzieren. Umfangreiche Detailinformationen über die griechische Weinszene liefert auf Englisch www.greekwinemakers.com. Eine griechische Besonderheit ist der mit dem Harz der Aleppo-Kiefer versetzte, meist preiswerte Weißwein Retsína, der in vielen Athener Tavernen noch vom Fass gezapft wird. Junge Leute mischen ihn oft mit Cola.

Cafés und Konditoreien

Lauschig – **Kípos: ■ F 6,** im Nationalgarten beim Ausgang zur Odós Iródou Attikoú, Metro: Sýntagma, tgl. ab 10 Uhr, griechischer Kaffee und Soft-Drinks ca. 2,80 €, Campari ca. 6 €, gefüllte Blätterteigpasteten ca. 3,20–3,80 €. Lauschiges, traditionsreiches Café mit Plätzen drinnen und draußen im Park. Empfehlenswerte Snacks sind der Apfelkuchen und die *spanakópitta*, mit Spinat gefüllte Blätterteigtasche.

Für Gesundheitsbewusste – **Paiónia: ■ A 6,** Odós Amfiktýonos/Ecke Odós Poulopoúlou, www.peonia.gr, tgl. 10–21 Uhr (im Hochsommer So geschlossen). Athens Öko-Szene wird größer. Ein typischer Treff ist die kleine Teestube in einem historischen Gebäude, die vor allem Bio-Produkte offeriert. So gibt es sogar griechischen Kaffee aus Bio-Anbau (3 €) und die typische griechische Käsetasche *tirópitta* in Bio-Qualität (5 €). Täglich sind andere Bio-Kuchen zum Standardpreis von 4,50 € im Angebot.

Edel und berühmt – **Zonar's: ■ E 5,** Odós Panepistimíou 9 (im Erdgeschoss des Kaufhauses Attica), Metro: Sýntagma, tgl. ab 9 Uhr, Kaffee und Kuchen ca. 10–12 €. Im über 70 Jahre alten, kürzlich klassisch-modern restaurierten Café verkehren Athens VIPs. Der Politiker Konstantínos Karamanlís und der Literatur-Nobelpreisträger Odysséas Elítis gehörten zu seinen Stammgästen und genossen hier exzellente Kaffees und köstliche Kuchen.

Gourmet-Lokale

Park-Ambiente – **Cibus: ■ E 7,** am Záppio, Südseite des Nationalgartens, Tel. 210 336 93 63, Metro: Sýntagma, tgl. ab 10 Uhr, Vorspeisen ca. 13–23 €, Hauptgerichte ca. 20–40 €. Elegantes wwwwRestaurant mit Blick in den Park des Záppio (s. S. 74), auf das prächtige Gebäude selbst und auch auf die Akropolis. Die kreative Küche ist italienisch und französisch geprägt, die Auswahl an Desserts groß. Zu den Spezialitäten des Hauses zählen eine Tomaten-Mozzarella-Tarte, Kabeljau mit Pinienkernen und Safran sowie ein Limonen-Mousse mit Erdbeeren und Basilikumsirup.

Promi-Treff – **Daphne's: ■ Karte 3, D 7,** Odos Lysikrátous 4, Pláka, Metro: Akrópoli, tgl. ab 19 Uhr, geschlossen vom 22. Dez.–15. Jan., Lammfrikassée ca. 18 €, Filet-Steak ca. 27 €. Kleines Restaurant mit bemalten Wänden und zum Kitsch tendierendem Dekor, kleiner Innenhof zwischen den Ruinen eines alten Hauses. Auch Hillary Clinton, Meryl Streep, Roger Moore, Nicholas Cage, Königin Sophia von Spanien und andere Prominente waren hier zu Gast. Die Küche ist klassisch griechisch ohne sonderliche Kreativität. Einen Versuch wert sind die Fleischbällchen in einer mit Ouzo aromatisierten Tomatensoße.

Gallisch – **Pil-poul et Jerome Serres: ■ A 6,** Apóstolou Pávlou 51/Poulopoúlo, Thisío, Tel. 210 342 36 65, Metro: Thisío, Mo–Sa ab 20 Uhr, Menü ohne Wein ca. 65–85 €. Das zu den zehn besten Restaurants Griechenlands zählende Lokal in einem klassizistischen Haus wird vom französischen Sternekoch Jerome Serres geführt und präsentiert feinste französische Küche, die auch den Trüffel nicht scheut.

Sterneküche – **Spóndi: ■ südl. G 3,** Odós Pyrrónos 5/Platía Varnáva, Pangráti, Tel. 210 752 06 58, Trolleybusse 2, 4 und 11, tgl. 20.30–0.30 Uhr, 3-Gang-Menü ab ca. 65 €. Eins der ganz wenigen Restaurants in Griechenland mit Michelin-Stern, geführt von einem Zwei-Sterne-Koch aus Frankreich. Die Innenräume sind mit moderner griechischer Kunst dekoriert, im Innenhof sitzt man auf drei Ebenen. Die Weinkarte ist mit über 700 edlen Tropfen wohl die umfangreichste im Lande. Ohne Reservierung ist hier an Wochenenden kein Platz zu bekommen.

Beim Schiffskoch – **Varoúlko: ■ westl. A 4/5,** Odós Pireós 80, Keramikós, Tel. 210 522 84 00, www.varoulko.gr, Metro Keramikós, Mo–Sa ab 20.30 Uhr, Mitte Juni –Mitte Sept. zeitweise geschlossen, Menü ca. 55–70 €. Kreditkarten werden nicht akzeptiert! Chef Leftéris Lazárou ist auf seinen Michelin-Stern besonders stolz. Angefangen hat der Sohn eines Schiffskochs mit einem unscheinbaren Lokal in Piräus; jetzt gehört er zu den Lieblingen der kulinarischen Szene Athens. Neben allseits Bekanntem serviert er Eigenkreationen wie Mönchsfischleber mit Sojasauce, Honig und Balsamico, aber auch eine feine Kuttelsuppe oder Variationen vom Zicklein. Im Winter bietet das Restaurant 80 Gästen Platz, im Sommer kann man auch auf der Dachterrasse mit vollem Akropolis-Panorama dinieren.

Griechische Tavernen

Oft mit Musik – **Akropól: ■ Karte 3, D 7,** Odós Filomoússou Eterías 3, Tel. 210 324 82 62, Metro: Sýntagma, tgl. ab 12 Uhr, Moussaká ca. 8 €, Bauernsalat ca. 5,50 €, Hauptgerichte ca. 11–17 €. Stimmungsvoll an einem geschäftigen Altstadtplatz gelegen, viele Plätze im Freien, attraktives Angebot an frischem Fisch, im Sommer manchmal am Sonntagmittag und abends griechische Livemusik der touristischen Art.

Blick in die Antike – **Áttalos:** ■ **Karte 3, B 5/6,** Odós Adrianoú 9, Tel. 210 321 95 20, Metro: Monastiráki/Thisío, tgl. ab 11 Uhr, Hauptgerichte ca. 6–10 €, 0,5 l Hauswein ca. 6 €. Große Auswahl an gekochten Gerichten auch für Vegetarier, fantastischer Blick über die antike Agorá zur Akropolis, gutes Preis-Leistungsverhältnis.

Lange Tradition – **Bairaktáris:** ■ **Karte 3, C 5,** Platía Monastirakíou 2/Ecke Odós Mitropóleos, Monastiráki, Tel. 210 321 30 36, Metro: Monastiráki, tgl. ab 9 Uhr, Teller Gyros ca. 7,50 €, Portion Fleischspießchen ca. 8,50 €, griechischer Salat ca. 4,50 €, Flasche Retsína (0,5 l) ca. 3 €. Die älteste von drei ähnlichen und gleich guten, direkt benachbarten Grilltavernen. Schon 1879 gegründet. Hier isst man bereits am frühen Vormittag Gyros im Pítta-Fladen oder als Tellergericht und kann jede Menge kleiner Souvláki-Spieße ordern. Abends trifft man hier oft Gitarrenspieler, die auch alte Athener Lieder singen.

Lunch unter Griechen – **Kioúpi:** ■ **F 5,** Platía Kolonáki, Tel. 210 361 40 33, Metro: Sýntagma, Mo–Sa 11–22, Uhr, Hauptgerichte ca. 7–10 €. Schlichte Kellertaverne in Athens vornehmstem Einkaufsviertel, viele Geschäftsleute zum Lunch. Hervorragende, typisch griechische Küche mit großer Auswahl auch an vegetarischen Gerichten.

Schneller Snack – **Kosmikón:** ■ **Karte 3, D 7,** Odós Adrianoú 119/Ecke Odós Kydathinéon, Pláka, Metro: Sýntagma, tgl. ab 6 Uhr, Portion Gyros mit Pommes frites, Salat und einem Glas Wein 12 €, 0,5 l Bier vom Fass ca. 4 €. Einfaches Esslokal mit Tischen und

Taverne Ta Pénde Adélfia in der Pláka

Stühlen an einer der belebtesten Fußgängergassen-Kreuzungen in der Pláka, auch gut für kräftiges Frühstück oder eine Getränkepause. Wer hier länger sitzt, sieht fast alle Touristen, die sich an diesem Tag in Athen aufhalten, fliegende Händler bieten in rasantem Wechsel den Gästen ihre Waren an.

Schöne Aussicht – **Moúses: ■ Karte 3, B 5,** Odós Agíou Filíppou 20, Monastiráki, Tel. 210 321 93 32, Metro: Monastiráki/Thisío, tgl. ab 10 Uhr, Hauptgerichte ca. 7–12 €. Taverne mitten im Marktgeschehen des Athener Flohmarkts mit Blick über die antike Agorá auf die Akrópolis, besonders für mittags empfehlenswert. Sehr gut sind z. B. die Zucchinibällchen *kolokithokeftédes.*

Riesenauswahl – **Néon: ■ C 3,** Odós Satovriándou 6 und 7, Omónia, Metro: Omónia, tgl. ab 10 Uhr, Seebrasse 8,10 €, Moussaká 6,50 €, Wein 6 €/l, kleine Fleischspießchen 1,20 €/Stück. Ein vor allem mittags gut gefülltes Restaurant mit vielen Plätzen draußen und drinnen. Im Hauptrestaurant hat man die Auswahl aus vielen verschiedenen Angeboten, die im Warmhaltetresen präsentiert werden, darunter auch preiswerte Fisch- und Gemüsegerichte. Das dazugehörige Restaurant schräg gegenüber ist auf Grillgerichte spezialisiert. Man kann an allen Plätzen Gerichte aus beiden Lokalen bestellen. Der Service ist stets schnell und freundlich.

Romantisch – **Ta Pénde Adélfia/The 5 Brothers: ■ Karte 3, C 6,** Odós Éolou 3–5, Metro: Monastiráki, tgl. ab 11 Uhr, Hauptgerichte ca. 7–14 €, 1 l offener Weißwein ca. 9 €. Zahlreiche Tische unter schattigen Bäumen am Rand einer nur sporadisch von herumirrenden Autos befahrenen Straße mit fantastischem Blick auf den antiken Turm der Winde, die Akropolis und die Hadrianus-Bibliothek. Schneller und freundlicher Service, große Portionen, durchschnittliche Qualität. Probierenswert: *arní tou ambelourgoú,* Lammbraten nach Winzer-Art. Die dicken Scheiben Fleisch wurden von einem Braten geschnitten, der mit Spuren von Ziegenkäse in ein Weinblatt gehüllt gegart worden ist; dazu gibt es Salzkartoffeln, Bohnen und Möhren.

Tolle Lammkoteletts – **To Stéki tou Ilía: ■ A 5,** Odós Eptachálkou 5, Thisío, Metro: Thisío, Tel. 210 345 80 52, Mo–Sa ab 18 Uhr, Lammkoteletts ca. 28 €/kg. Einfache, fast nur von Einheimischen frequentierte Taverne, deren unschlagbare Spezialität Lammkoteletts sind, die man nach Gewicht bestellt (1/2 oder 1 Kilo). Dazu schmeckt der Retsína vom Fass.

Mittendrin – **Vizantíno: ■ Karte 3, D 7,** Odós Kydathinéon 18, Tel. 210 322 73 68, Metro: Sýntagma, tgl. ab 12 Uhr, Spanakópitta ca. 4 €, griechischer Salat ca. 5 €, Hauptgerichte meist 6–11 €. Tische auf einer der Hauptfußgängergassen der Altstadt an einem kleinen Platz. Guter Service und gutes Preis-Leistungsverhältnis, auch wenn der Kellner die Passanten anspricht. Lecker: die mit Spinat und Ziegenkäse gefüllten Blätterteigtaschen *spanakópitta.*

Internationale Küche

Koreanisch – **Dosirak: ■ Karte 3, D 6,** Odós Voúlis 33, Sýntagma, Tel. 210 323 33 33, Metro: Sýntagma, tgl. ab 12 Uhr, , Couvert 1 €, Hauptgerichte ca. 9–14 €, Menü ca. 16–22 €, Flasche Wein ca. 17–38 €. Die koreanischen Wirtsleute bezeichnen ihr kleines Lokal als ›Korean Barbecue Kimchi‹ und ›Japanese

Sushi Yakisoba‹. Insbesondere die koreanische Küche ist sehr authentisch, die Gäste sind vielfach Asiaten. Der Service ist flott und freundlich.

Japanisch – **Furin Kazan:** ■ **Karte 3, D 6,** Odós Apóllonos 2, Pláka (nahe Sýntagma-Platz), Tel. 210 322 91 70, Metro: Sýntagma, Mo–Sa 11–23 Uhr, Lunch ca. 8–12 €, Sushis ca. 3,50–7 €/Stück, Kännchen japanischer Tee ca. 3,50 €. Fast Food auf japanische Art, in der offenen Küche im kleinen, modern eingerichteten Lokal zubereitet. Viele japanische Stammgäste.

Asia-Suppen – **Noodle Bar:** ■ **Karte 3, D 6,** Odós Apollónos 11/Ecke Pendélis, Pláka, Tel. 210 331 85 85, Metro: Sýntagma, Mo–Sa 11–24, So 17.30–24 Uhr, Hauptgerichte meist 6,50–10 €, Suppen ab ca. 5 €. Schnellrestaurant mit offener Küche. Suppen und Nudelgerichte überwiegend thailändischer und philippinischer Prägung. Plätze drinnen und draußen.

American Style – **T.G.I. Friday's:** ■ **F 6,** Odós Neof. Vámva 2, Kolonáki, Tel. 210 722 77 21, www.fridays.gr, Metro: Sýntagma oder Evangelismós, tgl. ab 10 Uhr, Hauptgerichte ca. 8–18 €, Cocktails ca. 7–9 €. Der Filialbetrieb einer amerikanischen Restaurant-Kette ist einer der Hotspots der trendbewussten Athener Szene. Das Ambiente ist amerikanisch und doch niveauvoll, alle Gerichte werden stets frisch zubereitet, die Auswahl an Getränken ist schier endlos, der Service superfreundlich, der Bartresen sehr kontaktfördernd. Von Chicken Wings bis zu Steaks und Salaten, Sandwiches und Tortillas reicht die Karte, auf der auch zahlreiche Desserts stehen.

Szene und Ambiente

Im Studentenviertel – **Avlí:** ■ **E 2,** Odós Methónis 43, Exarchía, Tel. 210 383 81 67, Metro Omónia, tgl. ab 13 Uhr, Hauptgerichte um 7 €, offener Wein

Für Fischliebhaber

Zum Fischessen fahren die Athener am liebsten in die kleinen Küstenorte Attikas direkt am Meer oder nach **Piräus** (s. S. 71). Aber auch in der Innenstadt ist frischer Fisch exzellent zubereitet erhältlich. Im Altstadtviertel Pláka ist die **Taverne Psarás** die erste Adresse (s. S. 38), deren Name schlicht »Der Fischer« bedeutet. Mit Blick aufs Meer serviert das topographisch und preislich besonders hoch angesiedelte Restaurant **Orizóntes** (s. S. 64) auf dem Lykavittós Fisch und Krustentiere .
Top-Adresse auch für Businesspeople und Diplomaten ist das klassisch-maritime Restaurant **Eptá Thálasses** im Edelviertel Kolonáki. Es trägt den schönen Namen »Sieben Meere«. Fisch wird hier nicht nur schlicht gegrillt, sondern in diversen Variationen serviert. Die Fischsuppe ist ein Gedicht, das Knoblauchöl gibt dem Grillfisch den letzten Kick, die Hackfleischbällchen vom Tunfisch sind eine echte Eigenschöpfung. Stockfisch wird als Frikassee mit Gemüsen serviert – und zum Nachtisch gibt es beispielsweise Halvá mit einer Art Erdnusseis.
Eptá Thálasses: ■ **E 5,** Odós Omiroú 11 (Vissariónos 1), Kolonáki, Tel. 210 362 48 25, Metro: Panepistímiou, tgl. ab 12.30 Uhr, Menü ca. 40–60 €.

Kleine Pause an einer Gasse in der Pláka

ca. 6–7,50 €/l. Die 1983 gegründete Taverne liegt an einer ruhigen Fußgängerzone mit viel Alt-Athener Flair und Graffiti an allen Hauswänden mitten im Studenten- und manchmal auch Chaotenviertel Exarchía. Auch griechische Autonome und Anarchisten schätzen hier die von den Traditionen der Griechen aus Konstantinopel (Istanbul) und Kleinasien geprägte Küche, die auch Vegetarier zufrieden stellt. Die Preise sind volkstümlich, der Salat *politikí* aus Weißkohl, Paprika, Karotten und Granatapfelkernen ist allein schon den Weg dorthin wert.

Biologisch – **Bliss:** ■ **D 5,** Odós Rómvis 24A, Tel. 210 325 03 60, www.purebliss.gr, Metro: Monastiráki, tgl. ab 11 Uhr, Salate 6–8,80 €, Hauptgerichte 7,20–12 €, Süßes 4,50–7 €. Auch jüngere Athener schätzen mittlerweile Bio-Qualität. Die wird hier ausschließlich zelebriert. Zudem sitzt man draußen witzig-naturnah: An Tischen in Herz- oder Blumenform.

Gaumenfreuden mit Akropolis-Blick – **Kuzína:** ■ **Karte 3, B 5/6,** Odós Adrianoú 9, Thisío, Tel. 210 3240133, Metro: Monastiráki, tgl. ab 11 Uhr, typisches Essen mit Ouzo ca. 20–30 €. Hierher kommt Athens Szene im Sommer, um auf weißen Stühlen an weißen Tischen inmitten flanierender Touristen *mezedákia,* also verschiedene kleine Gerichte, zu Ouzo oder Wein zu genießen. Chefkoch Áris Tsanaklídis nimmt griechische Themen auf und variiert sie exotisch – wie den Tunfisch in einer Erdnuss-Senfsauce oder die Muscheln in Knoblauchsauce. Zum kulinarischen Erlebnis gesellt sich ein schöner Blick auf die Akropolis, in die Musik mischt sich das Geräusch vorbeiratternder Metro-Züge auf dem Weg zwischen Athen und Piräus.

Neuer Stil – **Tzitzíkas ke Mermígas:** ■ **Karte 3, D 6,** Odós Mitropóleos 12–14, Tel. 210 324 76 07, Metro: Sýntagma, Mo–Sa 13–1 Uhr, Hauptgericht, Salat und Tischgetränk ab 22 €. ›Die Ameise und die Heuschrecke‹ ist der Name dieser nach der gleichnamigen Äsop-Fabel benannten Restaurants. Es bietet in modernem, aber durchaus griechischem Ambiente moderne griechische Küche und lockt vor allem junge Leute an.

Typisch Athen – Mezedopolía (s. S. 91)

Eher edel – **Athinaikón:** ■ **D 3,** Odós Themistokléous 2, nahe Omónia-Platz, Tel. 210 383 84 85, Metro: Omónia, Mo–Sa ab 12 Uhr, Mezédes meist 5,50–10 €, Flasche Wein ca. 7–18 €. Schon 1932 gegründete Ouzerí mit einem großen und teilweise sehr außergewöhnlichen Angebot, die besonders nachmittags sehr beliebt ist. Hier bekommt man z. B. Kalbsleber, Kalbshoden, geräucherten Aal und *kydónia*, eine Muschelart, die wie Austern lebend verzehrt wird.

Viel Jugend – **Dioskoúri:** ■ **Karte 3, B/C 6,** Odós Dioskoúri, Pláka, Metro: Monastiráki, tgl. ab 12 Uhr, Cappuccino ca. 3,50 €, gemischte Kleinigkeiten zum Ouzo für 2 Pers. ca. 13 €, für 3–4 Personen ca. 18 €. Vor allem bei jungen Leuten am Sonntag tagsüber beliebtes Café und Mezedopolío. Man sitzt an einer Treppengasse und an einem winzigen Platz direkt am Rand der antiken Agorá und genießt die dörflich anmutende Atmosphäre ganz in der Nähe der antiken Stätten.

Im Botschaftsviertel – **Vlásis:** ■ **östl. H 5,** Odós Pastér 8, Seitenstraße der Odós Chatzikósta, nahe der amerikanischen Botschaft an der Platía Mavíli, Tel. 210 646 30 60, Metro: Megaró Moussikís, Sept.–Mai tgl. 12–16, Mo–Sa auch ab 20 Uhr, typisches Mezédes-Essen 17–25 €/Person. Vor allem von Einheimischen besuchtes Lokal auf drei Etagen einer klassizistischen Villa. Der Kellner kommt mit einem großen Holztablett an den Tisch und offeriert eine Auswahl von verschiedenen Spezialitäten auf mittelgroßen Tellern. Jede Tischgemeinschaft lässt sich das auf den Tisch stellen, was sie möchte. Zu den hervorragenden Leckereien gehören die griechischen Kohlrouladen *lachanodolmádes,* das mit Olivenöl und Zwiebeln vermischte *fáva,* ein Püree aus gelben Erbsen, in Essig und Zwiebeln eingelegte Krake *(chtapódi ksidáto),* mit Reis gefüllte Kalamáres *(kalamári jemistá)* und Auberginenwürfel mit Jogurt und milden Pepperoni *(melindsána jaoúrtli).*

Einkaufen

Die Einkaufsviertel

Auf den ersten Blick wirkt ganz Athen wie ein großer Basar. Läden und Märkte sind über die gesamte City verstreut. Jedes Viertel hat dabei seine eigenen Charakteristika.

Kolonáki

Zwischen Sýntagma-Platz und Lykavittós-Felsen liegt das Einkaufsviertel der betuchteren Athener. Hier sind fast alle griechischen Mode-Designer und die ausländischen Top-Labels zu finden. Das Angebot reicht von Herrenkrawatten bis zu exklusiven Dessous, von Business-Anzügen bis zu Abendkleidern. Vor allem auf die Odós Voukourestíou konzentrieren sich die exklusivsten Juweliere des Landes. Leider ist das Viertel bisher aber kaum verkehrsberuhigt. Beim Einkaufsbummel sind immer wieder enge, viel befahrene Straßen zu überqueren, auf den zu schmalen Bürgersteigen muss man wegen Bäumen und abgestellten Motorrädern häufig Slalom laufen.

Ermoú

Nach dem antiken Handelsgott Hermes ist die völlig autofreie Haupteinkaufsstraße benannt, die den Sýntagma-Platz mit Monastiráki verbindet. Hier findet man viele Schuhgeschäfte mit den Spitzenprodukten aus einheimischer Produktion, Filialen von Modeketten wie Zara oder Anna Riska und andere Textilgeschäfte mit bezahlbarem Sortiment. Auch Straßenmusikanten halten sich hier besonders gern auf.

Emborikó Trígono

›Handelsdreieck‹ nennt sich das nördlich der Ermoú gelegene dreieckförmige Viertel, das von der Athinás- und der Stadíou-Straße begrenzt wird und bis zum Omónia-Platz reicht. Hier prägen kleine Einzelhandelsgeschäfte das Bild. Außer Textilien findet man auch Haushalts- und Baubedarf. So konzentrieren sich auf die Odóy Víssis die Geschäfte, die Türgriffe, -klopfer und -beschläge anbieten. In der sich anschließenden Odós Aiólou konkurrieren gleich sieben Maßschneider miteinander, die sich auf Kaschmir-Stoffe spezialisiert haben. Außerdem liegen in diesem Viertel auch die Markthallen der Kentrikí Agorá. Die meisten Straßen hier sind Fußgängerzonen mit zahlreichen Bänken zum Ausruhen zwischendurch.

Pláka

Pláka ist der Name des Altstadtviertels am Nordhang der Akropolis. Es wird von Souvenirgeschäften geprägt, zwischen die einige Kunsthandwerksgeschäfte gestreut sind. Nahe der orthodoxen Kathedrale werden Ikonenfreunde fündig. Schmuckgeschäfte und Galerien mit moderner griechischer Kunst bietet die Odós Pandrósou. Auch griechische Kulinaria kann man hier in oft besonders netten Verpackungen kaufen.

Bücher und CDs

Verständlich – **Deutsche Buchhandlungen.** Urlaubslektüre für sich und die Kinder vergessen? Deutsche Übersetzung eines antiken Dramas gesucht, das gerade in Athen oder Epídavros aufgeführt wird? Die deutschen Buchhandlungen in der Stadt helfen weiter:
Konstantinopoúlou-Loeb, ■ D/E 5, Odós Omírou 4/Ecke Odós Stadíou 10 (in der Passage), Metro: Panepistímio.
Nótos, ■ E 4, Odós Omírou 15, www.notosbooks.gr, Metro: Panepistímio.

Groß und modern – **Eleftheroudákis: ■ E 5,** Odós El. Venizélou 17, Metro: Sýntagma. Athens größte Buchhandlung auf sieben Etagen. Viele englischsprachige Bücher, in der sechsten Etage ein Café-Bistro, in dem auch Autorenlesungen veranstaltet werden.

Für Sammler – **Nasiótis: ■ Karte 3, B 6,** Odós Iféstou 24, Monastiráki, Metro: Monastiráki. Antiquarische Bücher aus aller Welt, alte Drucke, Poster und Filmplakate.

Asterix & Co. – **Relax your soul: ■ E 2,** Odós Solomoú 5a, Exarchía, Metro: Omónia. Neue und alte Comics und Fantasy Art auf Griechisch und Englisch.

Gesamtüberblick für Griechischsprechende - **Stoá tou Vivlíu: ■ D 4,** s. S. 61.

Alles da – **Metrópolis: ■ D 3,** Odós El. Venizélou 54, nahe Omónia-Platz, Metro: Omónia. Griechische und internationale CDs auf fünf Etagen.

International – **Virgin Megastore: ■ E 5,** Odós Stadíou 7, Sýntagma, Metro: Sýntagma. Riesenauswahl an griechischen und internationalen CDs, zahlreiche Kopfhörer-Stationen zum Reinhören.

Wie ein Archiv – **Tzína: ■ D 3,** Odós El. Venizélou 57, nahe Omónia-Platz, Metro: Omónia. Die Fundgrube für Liebhaber historischer Aufnahmen aller Musikgattungen.

Flohmärkte und Straßenmärkte

Der Zentralmarkt – **Kentrikí Agorá: ■ C 4,** s. S. 51.

Stadtteiltypisch – **Exarchía-Straßenmarkt: ■ E 1,** Odós Kallidromíou, Metro: Omónia, Sa 8–15 Uhr. Lebensmittel, Textilien, Blumen und mehr.

Dichtes Gedränge – **Flohmarkt/Flea Market: ■ Karte 3, B 5,** s. S. 7

Kaufhäuser

Wo Scheichs shoppen – **Attica: ■ E 5,** Odós Panepistimíou 9, nahe Sýntagma-Platz, Metro: Sýntagma. Athens neues Edel-Kaufhaus erfüllt Teile des riesigen, gerade vollständig restaurierten Baus des ehemaligen Armee-Pensionsfonds mit neuem Leben. Der Kom plex war nach 1926 auf dem Gelände der ehemaligen Königlichen Ställe er-

Ladenöffnungszeiten: Souvenirgeschäfte sind täglich von etwa 10–23 Uhr geöffnet. Für andere Geschäfte gilt: Mo, Mi, Sa 8.30–15 Uhr, Di, Do, Fr 8.30–14 und 17–20 Uhr. Kaufhäuser und viele andere große Geschäfte verzichten auch auf die Mittagspause.

richtet worden. Über acht Etagen präsentiert das elegante Shoppingzentrum auf 25 000 m² fast alles, was gut und teuer ist sowie ein international renommiertes Label trägt. Im VIP-Raum können Scheichs und andere Großverdiener sich auch sämtliche Kollektionen in Privatatmosphäre präsentieren lassen – und natürlich werden alle Einkäufe auch gern ins Hotel gebracht. Im obersten Geschoss lädt zudem ein hippes Café-Restaurant zu hochpreisigen Genüssen mit Blick aufs Heinrich-Schliemann-Haus ein.

Europäisch – **Hondós Center: ■ C 3,** Platía Omónia 4, Metro: Omónia. Zehn Etagen voller Artikel wie in einem deutschen Warenhaus. Spezialität: Drogeriewaren aller Art.

Kulinaria

Für Süßmäulchen – **Aristokrátikon: ■ D 5,** Odós Karagiórgi Servías 9, nahe Sýntagma-Platz, Metro: Sýntagma. Griechische und internationale Schokoladen, Pralinen und Süßigkeiten.

Schoko-Spezialist – **Desire: ■ E/F 5,** Odós Dimokrítou 6, Kolonáki, Metro: Sýntagma. Konditorei, die für ihre Pflaumen und Datteln mit Schokoladenüberzug stadtbekannt ist.

Der Name für Kaffee – **Loumídis: ■ C 3,** Odós Aeólou 106/Ecke Odós El. Venizélou, Metro: Omónia. Eine der bekanntesten Kaffeeröstereien Griechenlands, die als erste auch koffeinfreien griechischen Kaffee herstellte. Auch Zubehör für die Zubereitung griechischen Kaffees.

Kaffeespezialist – **Miseyánnis: ■ F 5,** Odós Levénti 7, Kolonáki, Metro: Evangelismós. Eine der besten kleinen unter den vielen Athener Kaffeeröstereien.

Süffiges – **Chatzidíma: ■ C 4,** Odós Evripídou 76, Marktviertel, Metro: Omónia. Riesenauswahl an griechischen Spirituosen, insbesondere Ouzo. Wein, den Anisschnaps Ouzo und den Trester-schnaps Tsípouro gibt es hier auch vom Fass.

Inselspezialist – **Lesvos Shop: ■ C 5,** Odós Athinás 33, Monastiráki, Metro: Monastiráki. Die verschiedenen Ouzo-Marken von Lesbos gelten weithin als die besten des Landes. In diesem Geschäft, das auch viele andere Produkte der drittgrößten griechischen Insel anbietet, findet man alle Marken in allen Größen – nur probieren kann man sie hier nicht.

Kunst und Antiquitäten

Witzig und schön – **Dexipos Art Gallery: ■ Karte 3, C 6,** Odíos Dexíppoucke, Odós Pánou, Pláka, Metro: Monastiráki. ›Not excavated yet‹, also ›Noch nicht ausgegraben‹, heißt eine Serie von exklusiven Terrakotten des Künstlers Antónis Pálles. Damit hat er Kunstwerke im Stil antiker Epochen geschaffen, die man sich so in archäologischen Museen vorstellen könnte. Aber sie sind nicht wirklich alt, sondern seiner Phantasie entsprungen. Ein bevorzugtes Sujet des Künstlers, dessen Werke zwischen 90 und 6000 € kosten, ist das Trojanische Pferd.

Modern Arts – **Agápios Art Gallery: ■ Karte 3, C 6,** Odós Pandrósou 20, Pláka, Metro: Monastiráki. Eine Kellergalerie voller moderner griechischer Kunst.

Alte Reklame – **Daroúsos Theotókis:** ■ **Karte 3, B 5,** Odós Normánou 5, Monastiráki. Reproduktionen alter griechischer Werbeplakate und Blechschilder.

Bric-à-brac – **Paliés Istoríes:** ■ **B 5,** Odós Papanikóli 8–10/Ecke Odós Agías Théklas, Psirrí, Metro: Monastiráki. Kleiner Laden auch mit Kleinteilen wie alte Gläser und Tassen.

Vielseitig – **The Athens Gallery:** ■ **Karte 3, C 6,** Odós Pandrósou 14, Pláka, www.athensgallery.gr, Metro: Monastiráki. Moderne griechische Kunst auf zwei Etagen, auch signierte Schmuck-Unikate und Kunstwerke aus Alabaster.

Für Seebären – **Vergína:** ■ **Karte 3, B 5/6,** Odós Ifestíou 12, Monastiráki, Metro: Monastiráki. Großer Laden, spezialisiert auf nautische Antiquitäten.

Kunsthandwerk und Souvenirs

Zeitlos – **Amorgós:** ■ **Karte 3, D 6,** Odós Kodroú 3, Pláka, Metro: Sýntagma, sehr unregelmäßig geöffnet. Äußerst fotogener Laden mit einer riesigen Sammlung von Figuren des traditionellen Schattentheaters Karagiósis und Kleinmöbeln, die der Eigentümer selbst geschnitzt und bemalt hat. Große Auswahl an Webarbeiten und Stickereien, allerlei geschmackvoller Trödel.

Für Spieler – **Bába:** ■ **Karte 3, B 5/6,** Odós Iféstou 30, Monastiráki, Metro: Monastiráki. Tavli-Spielbretter und -steine in jeder Form, Ausführung und Größe.

Hohe Qualität – **Centre of Hellenic Traditions:** ■ **Karte 3, C 6,** Odós Pandrósou 36, Pláka, Metro: Sýntagma. Angeboten werden vor allem griechische Keramik, Porzellan, Messing-Türklopfer, Hirtenstäbe sowie Bemaltes und Geschnitztes aus Holz.

Männerspielzeug – **Kombologádiko:** ■ **F 5/6,** Odós Koumbári 4, Kolonáki, Metro: Sýntagma. Ein Kellergeschäft, das sich ganz und gar auf alte und neue Kombolóia spezialisiert hat – jene Ketten, die wie Gebetsketten aussehen und die viele Griechen unentwegt durch ihre Finger gleiten lassen.

Authorisierte Replikate antiker Kunstwerke und antiken Schmucks, aber auch deren moderne Adaptionen sind in den **Museum-Shops** des Benáki-Museums, des Akropolis-Museums, des Byzantinischen Museums, des Museums für kykladische Kunst und des Archäologischen Nationalmuseums zu finden.

Sehr originell – **To Ellinikó Spíti:** ■ **Karte 3, D 7,** Odós Kékropos 14, Pláka, Metro: Sýntagma. Dimítris Kouteliéris sammelt am Strand, in verlassenen Bootswerften und anderswo alte Hölzer, aber auch Schiffsteile, Spiegel, Rahmen und vieles mehr. Daraus fertigt er dann kreativ Möbelstücke, Kunstobjekte und Dekorationsgegenstände. Wie er es ausdrückt, betrachtet er funktionslos gewordene Dinge nicht als tot, sondern nur als eingeschlafen, und er will sie durch seine Arbeit zu neuem Leben erwecken.

Für Wohnmobilisten – **Tólia Dimitroúla:** ■ **B 5,** Odós Navárchou Apostóli 19, Psirrí, Metro: Monastiráki. Traditionelle Kaffeehausstühle mit schön geflochtenen Sitzflächen, die im Laden selbst hergestellt werden.

Mode und Accessoires

Griechischer Chic – **Afternoon: ■ G 4/5,** Odós Dinokrátous 1, Metro: Sýntagma, nur Di–So 15–23 Uhr geöffnet. Tónia Vassilopoúlou zeigt in ihrer Boutique für Damenmoden im Hotel St. George Lycabettus Kreationen mehrerer griechischer Design-Stars wie Chára Lembéssi, Katerína Alexandráki und Pávlos Kyriakídis.

Für die Kleinen – **Alouette: ■ F 5,** Odós Pindárou 26–28, Kolonáki, Metro: Sýntagma. Schöne Kindermode aus Griechenland, aber auch ausländische Marken.

Namhaft – **Anna Ríska: ■ Karte 3, D 6,** Odós Ermoú 26, Sýntagma, Metro: Sýntagma. Griechische Kette für Damenmoden, die trendige Labels aus dem In- und Ausland attraktiv präsentiert. Auch gut für einen Drink oder ein leichtes Mahl im Café im Obergeschoss.

Top End – **Aslánis: ■ F 5,** Odós Anagnostopoúlou 16, Kolonáki, Metro: Evangelismós. Michális Aslánis gehört zu den Top-Designern des Landes und hat auch schon Jackie Onássis eingekleidet.

Der Athener Flughafen gehört zu den größten Shopping Malls des Landes, hier kann man ausgiebig **Airport-Shopping** betreiben. Von großen internationalen Labels bis zu griechischen Kulinaria und griechischen Bio-Kosmetika ist hier alles zu finden. Es gibt sogar eine Best-Price-Garantie: Wer in der Stadt einen Artikel billiger findet, bekommt die Differenz erstattet. Nur dumm, dass man hier in aller Regel erst vor dem Abflug einkauft.

Exquisit – **Bettína: ■ E 5,** Odós Voukourestíou 4, Kolonáki, Metro: Sýntagma. Neben internationaler Designer-Mode sind auch die Kollektionen der griechischen Designer Sofía Kokosaláki und Ángelos Fréntzos im Angebot.

Für Vollschlanke – **Katsigiáni: ■ Karte 3, C 6,** Odós Kapnikaréas 6/Ecke Odós Mitropóleos, Emborikó Trígono, Metro: Monastiráki. Spezialisiert auf große Größen, zum Teil eigenes Design.

Allerlei Leder – **Kourouniótis: ■ C 5,** Odós Miaoúli 15, Psirrí, Metro: Monastiráki. Lederjacken und -mäntel, Gürtel, Taschen, Koffer, Geldbörsen und andere Accessoires aus eigener Produktion unter dem Markennamen ›Koúros‹. Relativ preiswert.

Ganz anders – **Nougat: ■ C 5,** Odós Ermoú 58–60, Sýntagma, Metro: Sýntagma. Edel-Ethno-Grunge für Damen.

Für Business-People – **Papageorgíou: ■ E 5,** Odós Voukourestíou 4, Kolonáki, Metro: Sýntagma. Herrenhemden aus Baumwolle und Seide nach Maß.

Frech und flott – **Tássos Mitropoúlos: ■ Karte 3, C 5,** Odós Ermoú 65, Sýntagma, www.tassosmitropoulos.com, Metro: Monastiráki. Junge, schicke und freche Damenmode, mit der sie auch in die Disco gehen kann.

Frauenträume – **Thálassa Collection: ■ G 5,** Odós Patriarchoú Ioakím 30–32, Kolonáki, Metro: Evangelismós. Alle seidenen Schals, Tücher, Blusen und Pareos wurden von den Ladeninhaberinnen selbst entworfen, aber in Italien gefertigt.

Nostalgisch – **2morrow: ■ Karte3, 5–6,** Odós Kinetoú 3, Monastiráki, Metro: Monastiráki. Damenmode im Stil der 1970er-Jahre und Kreationen der Ladeninhaberin und Designerin Yóta Karába, die u. a. handbemalte Bikinis kreiert. Erschwingliche Preise.

Filmreif – **Where to wear: ■ G 5,** Odós Alopékis/Ecke Odós Loukianoú, Kolonáki. Metro: Evangelismós. Flamboyantes Design der griechischen Modeschöpferin Léna Katsanídou. Ihr Motto: »Jede Frau sollte so aussehen, als sei sie gerade einem Hollywood-Streifen entstiegen.« Auch im Angebot: Schmuck und Accessoires wie Handtaschen und Gürtel.

Schmuck

Großer Name – **Búlgari: ■ E 5,** Odós Voukourestíou 8, Kolonáki, Metro: Sýntagma. Der griechischstämmige, international renommierte Designer hat nicht nur Schmuck, sondern auch Uhren entworfen.

Renommiert – **Élena Vótsi: ■ F 5,** Odós Xanthoú 7, Kolonáki, Metro: Evangelismós. Als Materialien bevorzugt die griechische Schmuckdesignerin, die auch schon für die Nobelmarke Gucci gearbeitet hat, Amethyst, Aquamarin und Koralle.

Tierisch gut – **Fanourákis: ■ G 5,** Odós Patriarchoú Ioakím 23, Kolonáki, Metro: Evangelismós. Eine Spezialität des Hauses sind Broschen in Form von Käfern, Schmetterlingen und anderen Insekten.

Immer bezahlbar – **Folli Follie: ■ Karte 3, D 6,** Odós Ermoú 18, Sýntagma, Metro: Sýntagma. International bekannte griechische Marke. Junger Schmuck zu erschwinglichen Preisen.

Museumsreif – **Lalaoúnis: ■ E 5,** Odós El. Venizélou 6, Ecke Odós Voukourestíou, Metro: Sýntagma. Ilías Lalaoúnis gilt als einer der berühmtesten Juweliere Griechenlands und besitzt als Einziger ein eigenes Museum. Er arbeitet vorwiegend mit Gold und bevorzugt opulente Formen, die auf byzantinischen Traditionen beruhen.

Schuhe

Sparen – **All about shoes: ■ Karte 3, C 5,** Odós Ermoú/Ecke Odós Evangelístrias, Metro: Monastiráki. Top-Labels der vergangenen Saison.

Vom letzten Jahr – **Spiliopoúlos: ■ Karte 3, D 6,** Odós Ermoú 63, Metro: Monastiráki. Designer-Schuhe der vergangenen Saison und zweiter Wahl.

Der andere Schuh – **Éstissis: ■ Karte 3, D 6,** Odós Níkis/Ecke Odós Ermoú 2, Sýntagma, Metro: Sýntagma. Witzige, poppige und doch schicke Damenschuhe nach hauseigenem Design zu erschwinglichen Preisen.

Riesenauswahl – **Giánna Kazákoumocassino: ■ Karte 3, D 6,** Odós Ermoú 12, Sýntagma, Metro: Sýntagma. Außer der hauseigenen Marke ›mocassino‹ findet man hier auch viele ausländische Edelmarken.

Vielseitig – **Tsakíris Málas: ■ Karte 3, D 6,** Odós Ermoú 14, Sýntagma, Metro: Sýntagma. Damenschuhe im fetzigen oder im klassischen Design.

Für Mutige – **Vavoúlas: ■ Karte 3, D 6,** Odós Ermoú 18, Sýntagma, Metro: Sýntagma. Damenschuhe und -stiefel in teilweise extremem, hauseigenem Design.

Ausgehen – abends und nachts

Athen bei Nacht

Die meisten Athener hält es abends nicht zu Hause. Es gibt Viertel, die zu vibrierenden Zentren abendlichen Lebens werden: Psirrí, Thisío, Gázi und die Pláka. Aber auch in vielen anderen Stadtteilen pulsiert nachts das Leben. Zudem gibt es viele kulturelle Veranstaltungen aller Art. Zwischen Mitte Juni und Ende September finden sie fast immer im Freien unterm Sternenhimmel statt.

Athener Zeiten

Bars und Straßencafés sind die besten Treffpunkte, bevor die Nacht richtig anfängt. Will man in einer Musiktaverne essen, trifft man dort meist zwischen 21 und 22 Uhr ein. Gegen 22.30 oder 23 Uhr beginnen die meisten Livekonzerte in Rock- und Jazz-Bars, Bouzoúkia und Rembétiko-Lokalen. Vor 23.30 Uhr sind nur die wenigstens Discos geöffnet, wirklich voll wird es dort meist gegen 1 Uhr morgens.

Musiktavernen

Musik, die so klingt, wie man sich das in Deutschland vorstellt, wird vor allem in den Musiktavernen in der Pláka geboten. Wenn Griechen anwesend sind, zeigen die Musiker aber auch, dass sie traditionelle, oft leicht orientalisch klingende Lieder spielen können.

Discos und Music-Clubs

Discos und Music-Clubs in Athen sind oft recht aufwendig eingerichtet und betreiben einen sehr starken DJ-Kult. Meist wird ein Eintrittsgeld von 10–15 € verlangt. Einzeldrinks kosten in der Regel 6–12 €, die Flasche Whisky 70–90 €. In Music-Clubs wird nicht unbedingt getanzt, viele Gäste kommen auch zum Zuhören. Vor Discos achten fast immer Türsteher auf angemessene Kleidung, Angetrunkene erhalten selten Zutritt. Für Freitag- und Samstagabend reservieren Griechen telefonisch. Wer dies ebenso tun möchte, denkt sich am besten einen für Griechen leicht verständlichen Namen aus, damit er sich auf der Gästeliste auch wiederfindet.

Livemusik

Auf vielen kleinen Bühnen und auch in etlichen Clubs werden unterschiedliche Konzerte mit Jazz und Blues, Ethnic und Latin, Funk und Rock live dargeboten. Die Termine werden oft erst kurzfristig bekannt gegeben, der Eintritt richtet sich nach den Künstlern.

Rembétika

In Rembétika wird die Musik gespielt, die die griechischen Flüchtlinge in den 1920er-Jahren aus Kleinasien mitbrachten und die sich in ihren Wohnbezirken und Tavernen in Athen zu einer Musik der kleinen Leute entwickelte. Seit gut 15 Jahren erlebt sie einen neuen Aufschwung und ist bei allen Altersklassen sehr beliebt. Gespielt wird sie meist von großen Orchestern mit mehreren Sängern in Lokalen, in denen man zur Herkunft der Musik passende Spezialitäten essen kann.

Bouáts

Ein Bouát ist ein kleines Musiklokal, in dem nur Getränke, aber keine Speisen serviert werden. Die Gäste kommen zum Zuhören, nicht zum Tanzen. Meist spielen dort vier bis fünf Musiker und Sänger nahezu ohne Pause – in der Regel Lieder griechischer Liedermacher, die häufig politisch auf dem linken Spektrum anzusiedeln sind. Zu diesem Spektrum gehören z. B. auch bei uns bekannte Songs von Míkis Theodorákis, die im Original poetisch und betont kämpferisch zugleich sind, in der deutschen Übersetzung aber zu Liebesliedern verkitscht wurden. Der Eintritt ist normalerweise kostenlos, für eine kleine Flasche Bier zahlt man etwa 8 €.

Bouzoúkia, Ellinádika & Laiká

Es wird ausschließlich griechische Musik gespielt – in Bouzoúkia und Laiká live, in Ellinádika meist vom DJ. In Ellinádika steht aktuelle griechische Pop- und Rock-Musik im Mittelpunkt, zu der man wie zu den entsprechenden internationalen Stücken tanzt. In den Laiká erklingt gängige griechische Unterhaltungsmusik, die Kritiker auch gern als ›Hundemusik‹ bezeichnen: Ihre Themen sind Liebe, Leidenschaft, Einsamkeit und Kummer. In Bouzoúkia ist die Musik ähnlich, aber aufwendiger instrumentiert, und die Shows haben mehr Glamour. In den Laiká und Bouzoúkia tanzen oft griechische Paréas (Cliquen), wenn sie in Stimmung gekommen sind. Bevorzugtes Getränk in all diesen Lokalen ist Whisky. Meist stehen verschiedene Labels und Preisklassen zur Auswahl, aber auch Wein und Long Drinks sind erhältlich.

Cocktail-Bars und Pubs

Für rauchende Schachspieler – **Booze: ■ C 5,** Odós Kolokotróni 57, Tel. 211 400 08 63, Metro: Sýntagma, tgl. ab 13 Uhr, Fassbier (0,3l) 4 €. »Der Eintritt ist nur für Raucher über 18 Jahre gestattet« steht auf einem Poster neben dem Eingang. Der Besitzer dieser beliebten Athener Alternativ-Bar ist Mitglied der politischen Partei »Kótes« (künstlerische Rauchervereinigung). Der Eintritt ist natürlich jedem gestattet. Auf dem langen rechteckigen Tisch gleich am Eingang kann man, wenn man einen Platz findet, auch Schach spielen, die Bretter dafür stehen immer dort.

Geschüttelt – **Baba Au Rum: ■ D 5,** Odós Klitíou 6, Emborikó Trígono, Tel. 694 824 24 55, Metro: Sýntagma, tgl. ab 11 Uhr, August geschl. Am großen Tresen werden den ganzen Abend Cocktails (ab 7 €) gemixt. Das Baba ist die Cocktail-Bar für jüngere Leute in Athen schlechthin. In der Bar ist das Rauchen nicht gestattet. Deshalb stehen die Raucher draußen, in der Fußgängerzone, ohne Tisch. Als Stühle dienen oft dort geparkte Mopeds. Fensterbänke und Türstufen der umliegenden Geschäfte werden dann schnell mal zum Tisch.

Laut und lebendig **Mikes Irish Bar: ■ östl. H 5,** Odós Sinópis (im Athens Tower), Tel. 210 777 67 97, www.mikesirishbar.gr, Metro: Ambelókipi, tgl. ab 20 Uhr. Hier trifft sich, wer Bier und Irland liebt, man spielt Darts, schaut Rugby und Fußball auf Großbildschirmen. Vor allem aber kommt man, weil fast jeden Abend Livemusik von Irish Folk bis HipHop und Reggae zu hören ist.

London in Athen – **Red Lion Pub: ■ östl. H 5,** Odós Nidirón, Hilton-Area,

In einem Rembétiko-Club

Tel. 210 722 81 49, Metro: Evangelismós, Mo–Sa ab 20 Uhr. Anglophile Ausländer und Griechen haben diesen Pub zu ihrer Stammkneipe erkoren, Englisch ist Umgangssprache. Der DJ bevorzugt Musik der 1960er- bis 80er-Jahre.

Ellinádika, Rembétika und Bouzoukia

In der Pláka – **Perivóli tou Ouranoú:** ■ **Karte 3, D 7,** Odós Lysikratoús 19, Pláka, Tel. 210 323 55 17, Metro: Akrópoli, Okt.–Mai Mi–So ab 21 Uhr. Renommiertes Altstadt-Lokal, authentische Rembétiko-Musik der letzten 80 Jahre unter Leitung von Bábis Tsértos, der auch schon CDs produziert hat.

Direkt am Meer – **Posidónio:** ■ **Karte 5, C 4,** Leofóros Posidónos 18, Ellinikó, Tel. 210 894 10 33, www.posidoniomusichall.gr, Tram ab Záppio oder Fáliro, Busse A1 ab Piräus, A2 ab Panepistímio, Programm Mi–So ab ca. 22.30 Uhr. Eines der teuersten und renommiertesten Lokale mit griechischer Livemusik, in dem häufig bekannte Stars der griechischen Unterhaltungsmusik (Laiká) auftreten. Insgesamt bietet das Posidónio Platz für über 1500 Gäste, die sich für diesen Abend gern besonders schick und modisch kleiden. Wer nicht am Tisch, sondern an der Bar Platz nimmt, erhält die Eintrittskarte schon für ca. 15 €, ein Getränk inklusive. Am Tisch zahlt man zu zweit für eine Flasche Wein ca. 80 €.

Kleinasiatisch angehaucht – **Óndas tis Konstantínas: ■ Karte 2, aE 1,** Odós Omirídou Skilítsi 76, Pireás, Tel. 210 422 04 59, www.ontastiskonstantinas.com, Metro: Faliró (oder Pireás, dann Trolley-Bus Nr. 20 bis Endstation Fáliro), Okt. bis Mai Fr/Sa abends, So nachmittags. Rembétika aus Konstantinopel, dem heutigen Istanbul, und aus Smyrna, dem heutigen Izmir – und das Ganze in einem fantasievoll auf den Stil der 1920er-Jahre gestylten Haus. Das dazu passende Menü kostet inklusive Wein 28 €.

Ganz traditionell – **Rembetikí Istoría: ■ F 3,** Odós Ippokrátous 181, Exárchia, Tel. 210 642 49 37, am besten per Taxi zu erreichen, Okt.–Mai Mi–So ab 22 Uhr (Programm ab 23 Uhr). Relativ kleines Indoor-Lokal, wo immer ein festes, siebenköpfiges Hausorchester unter der Leitung von Pávlos Vasilíou spielt. Klassische Rembétika-Musik, relativ preiswert.

In den Markthallen – **Stoá tou Athánaton: ■ C 4,** Kentrikí Agorá (Städtischer Zentralmarkt), Odós Athinás, Eingang Odós Sofokléous, Tel. 210 321 03 42, Metro: Omónia, Ende Okt.–Ostern Mo–Sa ab 23, ab Mitte November auch 15.30–19.30 Uhr. Zentral und atmosphärisch einmalig direkt in den über 100 Jahre alten Markthallen im Obergeschoss eines klassizistisch wirkenden Hauses gelegen. Traditionell mit Holzmöbeln im Stil eines Lokals im griechischen Kleinasien um 1920 eingerichtet. Nachmittags besteht das von Tákis Bénes geleitete Rembétiko-Orchester meist aus sieben, nachts aus neun Spielern und Sängern, darum sind die Preise nachmittags auch etwas günstiger als nachts (abends Hauptgerichte ca. 17–25 €, Flasche Whisky ab ca. 90 €, Flasche Wein ab ca. 20 €).

Folklore-Tänze

Eine Institution – **Dóra Strátou Garden Theatre: ■ westl. A 7,** zwischen Filopáppou-Hügel und Pnyx, Zugang von der Kirche Ágios Dimítrios Loumbardiáris aus, Tel. 210 324 43 95 (9–16 Uhr), 210 921 46 50 (19.30–21.30 Uhr), www.grdance.org, Metro: Akrópoli; Trolley-Bus Nr. 15: bis Haltestelle Théatro, Ende Mai–Ende Sept. Di–Sa 21.30, So 20.15 Uhr, Eintritt 15 €. Seit über 50 Jahren widmet sich das Dóra Strátou-Team der Erforschung und der Pflege des griechischen Volkstanzes. Im Sommer werden auch einwöchige Tanzkurse veranstaltet. Im Fundus liegen über 2500 originalgetreue Trachten aus allen Regionen Griechenlands. Im eigens dafür erbauten Openair-Theater auf der Rückseite des Filopáppou-Hügels führen bis zu 70 Tänzer und Tänzerinnen in diesen Kostümen eine zweimal im Monat wechselnde Auswahl griechischer Volkstänze vor, die nichts mit dem Sirtáki-Gehopse bei manchen Folklore-Shows in Strandhotels zu tun haben.

Konzerte, Oper, Theater

Der Musiktempel – **Megaró Moussikís Athinón: ■ östl. H 5,** Leofóros Vasilíssis Sofías, Tel. 210 728 23 33, www.

Zum sommerlichen Clubbing im Athener Szeneviertel Psirrí gehört auch ein leckeres Eis am frühen Morgen. Die Eisbar **Gelatomanía** (**■ B 5,** Odós Táki und Odós Aisópou 21) hat bis Sonnenaufgang geöffnet und kredenzt neben exzellenter Eiscreme bis 3 Uhr morgens auch stets frisch gebackene Waffeln.

megaro.gr, Metro: Mégaro Moussikís, Vorverkauf Mo–Fr 10–18, Sa 10–14 Uhr, Ticketverkauf am Vorstellungstag Mo–Fr 10–20.30, Sa 10–14, 18–20.30, So 18–20.30 Uhr, Ticket-Office auch in der Odós Omírou 8, Mo–Fr 10–16 Uhr. Ihre 1991 erbaute Konzerthalle nennen die Athener auch den ›Kultur-Reaktor‹ der Stadt. Hier finden von Oktober bis Juni fast täglich Konzerte statt, manchmal auch Opern oder Ballett. Die Künstler kommen aus aller Welt, das Spektrum reicht von byzantinischer Musik bis Pop-Musik des 20. Jh. Im September wird ein Ganzjahresprogramm auf Englisch und Griechisch veröffentlicht, das auch im Internet einzusehen ist. Tickets können per Internet mit Kreditkartenzahlung auch schon vor Reiseantritt zu Hause gekauft werden. Ein Restaurant und ein sehr gut organisierter Laden mit überwiegend klassischer Musik runden das Angebot ab.

Oper und Operette – **Lirikí Skiní/ Théatro Olympía: ■ E 4,** Odós Akadimías 59–61, Omónia-Platz, Tel. 210 361 15 16, www.nationalopera.gr, Metro: Panepistímio, Ticketvorverkauf im Theater tgl. 9–21 Uhr, Tickets 20–50 € (Studenten ab 17 €). Griechenlands einziges, stets unter Geldknappheit leidendes Opernhaus verfügt über ein eigenes Ensemble samt Chor und Orchester und sieht seine Aufgabe vor allem darin, die Griechen mit der Welt der Oper und Operette bekannt zu machen. 1940 unterzeichnete hier die legendäre Maria Callas kurz vor dem Eintritt Griechenlands in den Zweiten Weltkrieg einen Vertrag, 20 Jahre später erlebte sie hier einige ihrer größten Triumphe. Neben eigenen Produktionen werden auch viele internationale Gastspiele präsentiert. Die Spielzeit dauert von Oktober bis Mai.

Nationaltheater – **Ethnikó Théatro: ■ B/C 3,** Odós Agíou Konstantínou 22 (nahe Omónia-Platz), Tel. 210 330 18 80, www.n-t.gr. Das Theater mit insgesamt drei Bühnen spielt zwar nur auf Griechisch, führt aber neben antiken Komödien und Tragödien sowie modernem griechischem Theater auch bekannte Stücke internationaler Autoren auf. Wer seinen Shakespeare, Büchner oder Molière kennt, kann auch ohne Griechischkenntnisse gut folgen. Und für antike Tragödien und Komödien findet man die Texte ja in den deutschen Buchhandlungen Athens (S. 99).

Livemusik

Studententreff – **Apanemía: ■ Karte 3, C 6,** Odós Thólou 4, Pláka, Tel. 210 324 85 80, Metro: Sýntagma, Monastiráki, Okt.–Mai Mi–So ab 22 Uhr. Kleine Bouát nur mit Innenplätzen und zumeist jungem Publikum, das begeistert mitgeht. Inhaber Vangélis Díkos und seine Tochter Évi Díkou bestreiten das Programm musikalisch mit. Unaufdringlicher Service, der beste Tipp für Liebhaber griechischer Lieder.

Für Jazz-Fans – **Half Note: ■ südl. D/E 8,** Odós Trivonianoú 17, Mets (nahe dem Haupteingang zum Hauptfriedhof), Tel. 210 921 33 10, www.halfnote.gr, Metro: Sygroú-Fix, Akrópoli, nur Okt.–Mai. Renommiertes, fast theaterartiges Lokal für Live-Jazz, Blues und Ethnic, das schon seit über 20 Jahren der Szene-Treff für alle eingefleischten Fans dieser Musikrichtungen ist. Hier spielt man auf hohem Niveau.

Topadresse – **Kyttaro live: ■ C 1,** Odós Archanón/Odós Ipírou 48, Tel. 210 822 41 34, www.kyttarolive.gr, Metro: Victoria, nur Okt.–Mai. Entstanden aus einer Verschmelzung des Clubs, in dem die griechische Rock-Musik geboren wurde und einem legendären Club für New Wave. Auftritte griechischer Top-Bands, einmal jährlich gibt es ein Festival für Schüler-Bands.

Hardcore – **Villa Amalías: ■ nördl. C 1,** Odós Heyden/Odós Acharnón, Metro: Victoria, Anrufe zwecklos. Regelmäßig Punk-Konzerte mit allem, was dazu gehört vom Stage Diving übers Pogo Dancing bis zu gelegentlichen Polizeieinsätzen. Ohne anarchistische Grundeinstellung besser nicht hingehen!

Musiktavernen

Alter Stil – **Évripos: ■ B 4,** Odós Apóstoli 3, Psirrí, Metro: Thisío, Tel. 210 323 13 51, tgl. ab 13 Uhr. Gute griechische Küche, leckeres Kaninchen, abends griechische Livemusik.

Kretisch geprägt – **Paliá Tavérna Kritikoú: ■ Karte 3, C 6,** Odós Mnisikléous 24/Ecke Odós Lisíou, Pláka, Tel. 210 322 28 09, Metro: Sýntagma, Monastiráki, tgl. ab 20 Uhr. Traditionelle griechische und kretische Musik in folkloristisch eingerichteten Räumen. Im Sommer kann man auch auf dem Dachgarten Platz nehmen. Die Gäste sind im Sommer zwar überwiegend Touristen, aber im Winter kommen auch viele Griechen gern hierher.

Lokalkolorit – **Skolío: ■ B 5,** Odós Katsikogiánni 5/Platía Ágion Anárgyron, Psirrí, Tel. 210 324 60 98, Metro: Monastiráki, Di–So. Traditionelle, fast nur von Einheimischen besuchte Taverne mit Bouzoúki-Musik und Gesang.

Zum Mittanzen – **Síssifos: ■ Karte 3, C 6/7,** Odós Mnisikléous 31 (oberes Ende der Treppengasse), Pláka,Tel. 210 324 60 43, www.sissifos.gr, Metro: Sýnagma, Monastiráki, tgl. ab 19 Uhr. Seit über 40 Jahren treffen sich in dieser Taverne mit Dachterrasse griechische und ausländische Touristen, lauschen bei griechischem Essen der griechischen Livemusik, sehen Folklore-Tänzer und tanzen später am Abend auch ein paar Schritte mit. Das alles ist nicht sehr authentisch, kann aber Spaß machen.

Veranstaltungskalender

Wer nicht Griechisch spricht, hat es schwer, sich über das riesige Veranstaltungsangebot in Athen zu informieren. Das einzige gute und umfangreiche Stadtmagazin, **Athinórama,** erscheint zwar wöchentlich und listet eine Vielzahl von Events auf, gibt auch einen Überblick über die Kinoprogramme – aber das alles nur auf Griechisch. Einige wenige, mehr tradionell-kulturelle Events listet auch allwöchentlich die jeweils mittwochs erscheinende **Griechenland-Zeitung** auf, doch informiert sie kaum über die alternative Szene. Bei der **Tourist-Information** erhält man bestenfalls Informationen über kulturelle Großereignisse wie das Athens Festival. Darüber und über andere bedeutende Festivals informiert auch auf Englisch die Website **www.hellenicalfestival.gr.** Vorbildlich verhält sich nur das **Athener Konzerthaus.** Sowohl auf dessen Website www.megaro.gr als auch in dessen halbjährlich erscheinendem Programmheft werden alle Informationen auch auf Englisch gegeben.

Musikclubs und Diskotheken

Athen rockt – **Ghost: ■ B 5,** Odós Lepeniótou 26, Psirrí, Tel. 210 325 27 58, Di–So ab 21 Uhr, Eintritt inkl. 1. Getränk 12 €. Hier wird von Swing über Eletronica bis Rock alles spielt, was das alternative Athener Herz begehrt.

Urlaubertreff – **Lava Bore: ■ E 7,** Odós Filellínon 25, nahe Sýntagma-Platz und Pláka, Metro: Sýntagma, Di–So ab 22 Uhr. Wegen ihrer zentralen Lage bei jungen Touristen aus aller Welt sehr beliebte Disco. Gespielt wird überwiegend Mainstream.

Künstlertreff – **Mamacás: ■ westl. A 5,** Odós Persefónis 41, Gázi, Tel. 210 346 49 84, Metro: Kerameikos, tgl. ab 23 Uhr, Restaurant bereits ab 13.30 Uhr. Bei Journalisten und Künstlern beliebte Bar, auf deren Dachgarten im Sommer vor allem freitags und samstags Partystimmung herrscht. Für diese beiden Abende sind Reservierungen empfehlenswert.

Die Zeit vergeht – **Pái Kairós: ■ B 5,** Odós Táki 16, Psirrí, Metro: Monastiráki, Thisío, im August geschlossen. Der Club in einem alten Natursteinhaus bietet vor allem junge griechische Musik und Latin. Es gibt auch Kleinigkeiten zu essen.

Historisches Ambiente – **Stávlos: ■ A 6,** Odós Iraklidón 10, Thisío, Tel. 210 346 72 06, www.stavlos.gr, Metro: Thisío, tgl. ab 13 Uhr. Stilvolle Bar und Music-Club in den ehemaligen Pferdeställen Ottos I., des ersten neugriechischen Königs. Getanzt wird eher selten, man kommt wegen der schicken Atmosphäre und der guten Drinks. In eher unregelmäßigen Abständen finden auch Livekonzerte und Kunstausstellungen statt.

Günstig gelegen – **Vega: ■ C 5,** Odós Agías Eleoúsis/Ecke Odós Kakourgiodikíou, Psirrí, Tel. 210 331 78 01, Metro:

Die Athener Clubs spielen oft Mainstream, aber auch viel griechischen Pop

Deutsch-griechische Begegnungen

Zwischen Oktober und Mai gehören Filmvorführungen, Konzerte, Lesungen, Vorträge, Ausstellungen und manches mehr zum umfangreichen Programm des deutschen Goethe-Instituts. Dabei kann man nicht nur etwas über Griechenland lernen, sondern auch einmal mit Deutsch sprechenden Griechen oder in Griechenland lebenden Deutschen ins Gespräch kommen. Der Eintritt zu den meisten Veranstaltungen ist frei.

Goethe Institut: ■ E 4, Odós Omírou 14–16, zwischen Sýntagma- und Omónia-Platz, Tel. 210 360 81 11, www.goethe.de/athen, Metro: Panepistímio.

Monastiráki, Mi–Sa ab ca. 22, So ab 20 Uhr. Sehr zentral gelegen, mit Main Stage, Bedroom und Lounge. Sushi und Fingerfood erhältlich. Mainstream, RnB bevorzugt.

Vibrierend – **Vibe: ■ B 4/5,** Odós Aristofánous 1, Platía Iróon, Psirrí, Tel. 210 324 47 94, Metro: Monastiráki, tgl. ab 22.30 Uhr. Der Music-Club für alle, die auf neueste Black Music stehen. Viele Gast-DJs.

Schwul und lesbisch

Für alle offen – **S-Cape: ■ westl. A 5,** OdósMegálou Alexándrou 139, Gázi, Tel. 210 341 10 03, Metro: Thisío, tgl. ab 22 Uhr. Homosexuelle und Straight-Besucher sind hier gleichermaßen willkommen.

Nur lesbisch – **Noiz: ■ westl. A 5,** Odós Evmolpídon 41/Ecke Odós Konstantinoupóleos, Gázi, Metro: Thisío, tgl. ab 23 Uhr. Kleiner Raum, dunkel dekoriert.

Zum Tanzen – **Sodade: ■ westl. A 5,** Odós Triptolémou/Ecke Ierá Odós, Gázi, Metro: Thisío, tgl. ab 22.30 Uhr. Treff von Schwulen und Lesben, die gern tanzen.

Sommerkinos

Im Park – **Aigli Village Cool: ■ E 7,** Záppio, Tel. 210 336 93 69, Metro: Sýntagma, Akrópoli. Eins der traditionsreichsten Sommerkinos der Stadt, in einem sehr schönen Park gelegen. Das Kino verfügt über eine hochmoderne technische Ausstattung, im Stil der benachbarten Gebäude klassizistisch eingerahmte Leinwand.

Unterm Lykavittós – **Athinéa: ■ G 5,** Odós Charítou 50, Kolonáki, Tel. 210 721 57 17, Metro: Evangelismós. Das Sommerkino der Athener Schickeria des Nobelviertels Kolonáki.

Food and Film – **Cine Psyrri: ■ B 5,** Odós Sarrí 40, Psirrí, Tel. 210 321 55 34, Metro: Monastiráki, Thisío, Di–So ab 21 Uhr, So ab 14 Uhr. Moderne Technik, aber traditionelle Atmosphäre in einem der lebendigsten Ausgehviertel von Athen. Angeschlossen: Bar und Edel-Restaurant.

Volkstümlich einfach – **Thiseion: ■ A 6,** Odós Apostólou Pávlou 7, Thisío, Tel. 210 347 09 80, Metro: Thisío. Ein Sommerkino der einfacheren Art. Wenn sich nach der Vorstellung die Türen öffnen, blickt man beim Hinausgehen direkt auf die Akropolis.

Sprachführer Griechisch

Umschrift

Auch ohne griechische Sprachkenntnisse kommt man heute überall in Griechenland zurecht; die meisten Griechen sprechen zumindest Englisch. Hinweisschilder sind in der Regel auch in lateinischen Buchstaben abgefasst. Dennoch empfiehlt es sich, ein wenig Griechisch zu lernen; man kommt schneller zurecht und wird häufig auch freundlicher behandelt. Jedoch muss man auf die richtige Betonung achten, die durch den Akzent angegeben wird.

Das griechische Alphabet

		Aussprache	Umschrift
Α	α	a	a
Β	β	w	v, w
Γ	γ	j vor e und i, sonst g	g, gh, j, y
Δ	δ	wie engl. th in ›the‹	d, dh
Ε	ε	ä	e
Ζ	ζ	s wie in ›Sahne‹	z, s
Η	η	i	i, e, h
Θ	ϑ	wie engl. th in ›thief‹	th
Ι	ι	i, wie j vor Vokal	i, j
Κ	κ	k	k
Λ	λ	l	l
Μ	μ	m	m
Ν	ν	n	n
Ξ	ξ	ks, nach m oder n weicher: gs	x, ks
Ο	ο	o	o
Π	π	p	p
Ρ	ρ	gerolltes r	r
Σ	σ	s wie in ›Tasse‹	ss, s
Τ	τ	t	t
Υ	υ	i	i, y
Φ	φ	f	f, ph
Χ	χ	ch	ch, h, kh
Ψ	ψ	ps	ps
Ω	ω	offenes o	o

Buchstabenkombinationen

ΑΙ	αι	ä	e
ΓΓ	γγ	ng wie in ›lang‹	ng, gg
ΕΙ	ει	i wie in ›lieb‹	i
ΕΥ	ευ	ef wie in ›heftig‹	ef, ev
ΜΠ	μπ	b im Anlaut, mb im Wort	B, mp, mb
ΝΤ	ντ	d im Anlaut, nd im Wort	D, nd, nt
ΟΙ	οι	i wie in ›Liebe‹	i
ΟΥ	ου	langes u	ou, u

Begrüßung und Höflichkeit

Guten Tag	kali méra
Guten Abend	kali spéra
Gute Nacht	kali níchta
Hallo, Tschüss (Du-Form/Sie-Form)	jassú/jassás
Auf Wiedersehen	adío (adíosas)
Gute Reise	kaló taxídi
Bitte	parakaló
Bitte sehr	oríste
Danke (vielmals)	efcharistó (polí)
Ja	ne (sprich: nä)
Jawohl	málista
Nein	óchi (sprich: órchi)
Nichts, keine Ursache	típota
Entschuldigung	signómi
Macht nichts	dhen pirási
In Ordnung, okay	endáxi

Reisen

Straße/Platz	odós/platía
Hafen	limáni
Schiff	karávi
Bahnhof/Busstation	stathmós
Bus	leoforío
Haltestelle	stásis
Flughafen	aerodrómio
Flugzeug	aeropláno
Fahrkarte	issitírio
Motorrad	motosiklétta
Fahrrad	podílato
Auto	aftokínito
rechts/links	deksjá/aristerá
geradeaus	efthían
hinter, zurück	píso
weit/nah	makría/kondá
heute/morgen	símera/ávrio
früh/spät	énoris/árja
geschlossen	klistó

Bank, Post

Bank/Bankautomat	trápesa/ATM
Quittung, Beleg	apódixi

Postamt	tachidromío
Briefmarken	grammatóssima

Arzt, Notfall

Arzt/Arztpraxis	jatrós/jatrío
Krankenhaus	nossokomío
Apotheke	farmakío
Hilfe!	voíthia
Polizei	astinomía
Unfall/Panne	atíchima/pánna

Einkaufen

Kiosk	períptero
Laden	magasí
Bäckerei	foúrnos
Fleisch/Fisch	kréas/psári
Käse/Eier	tirí/avgá
mit/ohne	me/chorís
Milch/Zucker	gála/sáchari
Brot	psomí
Gemüse	lachaniká
Wasser	neró
– mit Kohlensäure	sóda
Bier	bíra (Pl. bíres)
Wein	krassí
eine Portion	mía merída
zwei Portionen	dío merídes
Speisekarte	katálogos

Adjektive

gut/schlecht	kalós/kakós
groß/klein	megálos/mikrós
neu/alt	néos/paljós
heiß/kalt	sestó/krío

Zahlen

1 éna (m), mía (f)	40 saránda
2 dhío (sprich: sio)	50 penínda
3 tría, trís	60 exínda
4 téssera, tésseris	70 evdomínda
5 pénde	80 októnda
6 éxi	90 enenínda
7 eftá	100 ekató
8 októ	200 diakósja
9 enéa	300 triakósja
10 déka (seka)	400 tetrakósja
11 éndeka	500 pendakósja
12 dodéka	600 exakósja
13 dekatría, usw.	700 eptakósja
20 íkossi	800 oktakósja
21 íkossi éna, usw.	900 enjakósja
30 tríanda	1000 chílja

Die wichtigsten Sätze

Allgemeines
Ich heiße ... ! Me léne ... !
Wie geht es dir? Ti kánis?
Geht's dir gut? Ísse kaló (m) / kalá (f)?
Sehr gut! Polí oréo!
Prost! Jámmas!
Ich verstehe nicht. Dhen katalava.
Woher kommst Du? Apu poú ísse?
Wie spät ist es? Ti óra íne?
Ich habe es eilig! Viássome!
Lass uns gehen! Páme
Zahlen bitte! Na plirósso, parakaló!

Unterwegs
Wo ist ...? Poú íne ...?
Wo fährt der Bus nach ... ab? Poú févji to leoforío ja ...?
Wann fährt er/sie/es? Póte févji?
Wann kommt er/sie/es an? Póte ftáni?
Ein Ticket nach ..., bitte! Énna issitírio ja ..., parakaló!
Wie viele Kilometer sind es bis ...? Póssa chiljómetra sto ...?
Ich habe ein Zimmer reserviert. Krátissa énna domátio.

Notfall
Ich möchte telefonieren. Thélo ná tilefonísso.
Ich suche eine Apotheke. Thélo ná vró éna farmakío.
Wo ist die Toilette, bitte Pú íne i tualétta, parakaló?

Einkaufen
Was wünschen Sie? Tí thélete?
Bitte, ich möchte ... Parakaló, thélo ...
Kann ich ... haben? Boró na écho ... ?
Was kostet das? Pósso káni afto?
Ich nehme es! To pérno!
Das ist teuer! Íne akrivó!
Es gefällt mir (nicht). (Dhen) m'aréssi.

Kulinarisches Lexikon

Frühstück

avgá mátja	Spiegeleier
avgá me béikon	Eier mit Speck
voútiro	Butter
chimó portokáli	Orangensaft
giaoúrti (yaoúrti)	Joghurt
... me karídia	... mit Walnüssen
... me méli	... mit Honig
kafé me gála	Kaffee mit Milch
keik	Mürbteigplätzchen
loukániko	Wurst
marmeláda	Konfitüre
méli	Honig
psomí	Brot
psomáki	Brötchen
sambón	Schinken
tirí	Käse
tsái	Tee

Suppen

fassoláda	Bohnensuppe
kakavjá (auch: psarósoupa)	Fischbrühe, dazu ein Fisch nach Wahl
kreatósoupa	trübe Fleischbrühe
patsá	deftige Kuttelsuppe mit Innereien
tomatósoupa	Tomatensuppe

Salate und Pürees

angoúro saláta	Gurkensalat
choriátiki saláta	›Griechischer Salat‹
chórta saláta	Mangoldsalat
gígantes (jígandes)	große weiße Bohnen in Tomatensauce
láchano saláta	Krautsalat
maroúli saláta	Blattsalat
melindzáno saláta	Auberginenpaste
skordaliá	Kartoffelpaste mit Knoblauch
táramo saláta	Fischrogen-Püree
tomáto saláta	Tomatensalat
tónno saláta	Tunfischsalat
tzatzíki (dsadsíki)	Joghurt mit Gurken und Knoblauch

Fisch und Meeresfrüchte

astakós	Languste
barboúnja	Rotbarbe
fangrí	Zahnbrasse
garídes	Scampi
glóssa	Scholle oder Seezunge
kalamarákja	Calamares
ksifiás	Schwertfisch
lavráki	Barsch
mídja	Muscheln
chtapódi saláta	Oktopussalat
solomós	Lachs
soupjés	Sepia (Tintenfisch)
stríthja	Austern
tónos	Tunfisch
tsipoúra	Dorade (Goldbrasse)

Fleischgerichte

arnáki, arní	Lammfleisch
pansétta	Schweinerippchen
békri mezé	eine Art Gulasch mit Kartoffeln, scharf
biftéki	Frikadelle mit Käse
brizóla	Kotelett
chirinó	Schweinefleisch
gída	Ziege
gourounópoulo	Spanferkel
gouvarlákja	Hackfleischbällchen in Zitronensauce
giouvétsi (juvétsi)	Kalbfleisch mit Reisnudeln in Tomatensauce
katsíki	Zicklein
keftédes	Hackfleischbällchen in Tomatensauce
kokkinistó	Rindfleisch in Rotweinsauce
kokorétsi	Innereien, gegrillt
kotópoulo	Hühnchen
kounélli	Kaninchen
kreatópitta	Blätterteigtasche mit Fleischfüllung
loukaniká	Landwürstchen
makarónja me kimá	Spaghetti mit Hackfleischsoße
mialá	Hirn
mouskári	Rindfleisch
moussaká	Auberginenauflauf
païdákja	Lammkoteletts
papoutsákja	gefüllte Auberginen
pastítsjo	Nudelauflauf mit Hackfleisch

psitó	Braten
sikóti	gebratene Leber
stifádo	Fleisch mit Zwiebeln in Tomaten-Zimt-Sauce
soutzoukákia (sudsukakja)	Hackfleischrollen in Tomatensauce mit Kreuzkümmel
souvláki	Fleischspieß (Rind oder Schwein)

Gemüse

briam	Schmorgemüse
bámjes	Okraschoten
eljés	Oliven
fakés	Linsen
fassólja	grüne Bohnen
gemistes (jemistés)	gefüllte Tomaten oder Paprikaschoten
kolokithákja	Zucchini
kounoupídi	Blumenkohl
láchano dolmádes	gefüllte Kohlblätter
melindsánes	Auberginen
spanáki	Spinat
tourloú	Gemüseeintopf
toursí	Mixed Pickles

Obst

achládi	Birne
fráules	Erdbeeren
karpoúsi	Wassermelone
kerássja	Kirschen
lemóni	Zitrone
mílo	Apfel
peppóni	Honigmelone
portokáli	Orange
rodákino	Pfirsich
síko	Feige
staffíli	Weintrauben

Desserts

froútto saláta	Obstsalat
karidópitta	Walnusskuchen
loukoumádes	frittierte Hefeigbällchen mit Zuckersirup
milópitta	Apfelkuchen
pagotó	Eiscreme
revaní	Grießkuchen
risógalo	Reispudding
tirópitta	Blätterteig mit Käse

Getränke

bíra	Bier
chimó	Saft
gála	Milch
kanelláda	Zimt-Limonade
kafés ellinikós	griechischer Kaffee
kafés fíltro	Filterkaffee
krassí	Wein
lemonáda	Limonade
neró	Wasser
portokaláda	Orangeade
soumáda	Mandelmilch
tsái	Tee
tsípouro	Tresterschnaps

Im Restaurant

Die Speisekarte, bitte.	To katálogo, parakaló
Was empfehlen Sie?	Tí sistínete?
Was wünschen Sie?	Tí thélete?
Ich möchte ...!	Thélo ...!
Eine Flasche Retsina, bitte	Éna boukáli retsína, parakaló
Darf ich ein Glas Wasser haben ?	Boró ná écho éna potíri neró?
Die Rechnung, bitte.	To logarjasmó, parakaló
Guten Appetit!	Kalí orexí!
Prost!	Jammás!
Kellner/in	kírie (Herr), kiría (Dame)
Salz	aláti
Pfeffer	pipéri
Milch	gála
Brot	psomí
Wasser	néro
Zucker	záchari
Tasse	flidzáni
Teelöffel	koutaláki
Löffel	koutáli
Messer	machéri
Gabel	piroúni
Glas	potíri
Teller	piátto
Zahnstocher	odondoglifídes
Serviette	petsétta (serviétta = Damenbinde!)

Register

Unterwegs mit Klaus Bötig

Der Griechenland-Experte Klaus Bötig kennt Athen seit 1972 und ist jährlich mehrmals zwecks Recherchen dort. Für ihn ist Athen die schönste und interessanteste Metropole Europas. Junge Trends, sehr viele Tipps und einige Texte hat die deutsch-griechische Journalistin Elisa Hübel (Jahrgang 1984) beigesteuert, die in Athen lebt und aufgewachsen ist. Beide arbeiten für die in Athen erscheinende Griechenland-Zeitung. Elisa ist zudem Nachrichtensprecherin beim Radiosender Athens International. Aktuelle Reiseblogs des Autors finden Sie unter www.klaus-boetig.de.

Abbildungsnachweis:
Bildagentur Huber, Garmisch-Partenkirchen: Titelbild (Johanna Huber)
Christiane Bötig, Bremen: S. 120
laif, Köln: S. 39 (Arcaid/Dixon); 52,68, Umschlagrückseite, (Constantineas/IML); 50,110 (Godwin N-TMN Athnès); 10/11 (hemis.fr), 36,77; (hemis.fr/Guiziou); 86, 89 (hemis.fr/ Maisant/); 7, 15, 72, 76, 83, (hemis.fr/ Mattes); 66 (Durruty/Rapho); 63,70 (Heuer); 9, 26/27, 48, 54, 57, 84/85, 93, 98 (Hub); 4/5 (Invision/Kaltsis); 42 (Keystone/ Kefalas); Umschlagklappe vorn, 33 (Knoll); 90, 96/97 (Luider/Rapho); 28 (Meazza/IML); 80 (Moustafelou/IML); 60 (Pérousse/Hoa-Qui); 45 (Stavropoulos/IML); 104,106 (Zuder)
Mauritius Images, Mittenwald: S. 30 (World Pictures); 65 (Randebrock)

Kartografie:
DuMont Reisekartografie, Fürstenfeldbruck
© DuMont Reiseverlag, Ostfildern

Umschlagfotos
Titelbild: Der Parthenon auf der Akropolis
Umschlagklappe vorn: Straßenszene in der Plaka mit Kleiner Mitropolis

Hinweis: Autor und Verlag haben alle Informationen mit größtmöglicher Sorgfalt geprüft. Gleichwohl sind Fehler nicht vollständig auszuschließen. Alle Angaben erfolgen ohne Gewähr. Bitte schreiben Sie uns! Über Ihre Rückmeldung zum Buch und Verbesserungsvorschläge freuen sich Autor und Verlag:

DuMont Reiseverlag, Postfach 3151, 73751 Ostfildern,
info@dumontreise.de, www.dumontreise.de

1. Auflage 2011

Redaktion/Lektorat: Hans E. Latzke
Grafisches Konzept: Groschwitz/Blachnierek, Hamburg
Printed in Germany